仲野 徹

考える、書く、伝える
生きぬくための科学的思考法

講談社+α《プラスアルファ》新書

ようこそ！
「学問への扉」へ
水野 徹

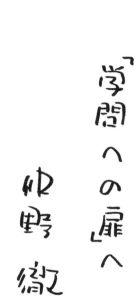

はじめに――「学問への扉」をきっかけに

なんやかんやで25年間も大学教授をやってきました。定年までカウントダウンになって、あらためて、大学って何をするところなのかと考えることがよくあります。ひとことで言うと、学問をする場、でしょうか。あるいは、昨今の大学をとりまく状況を考えると、「そうあるべき場」と言ったほうが正しいかもしれません。

大学の二大ミッションは教育と研究です。ならば、学問＝研究＋教育かというと、少し違うような気がします。研究はさておき、教育の定義はいくつもあります。私がいちばん好きなのは、「教育とは、学校で学んだことをすべて忘れたあとに残るものをいう」というアルバート・アインシュタインの名言です。

大学における教育とは、学問をつぎの世代に受け継ぐのを目的とすべきであることは間違いありません。しかし、知識はどんどん新しくなっていきますし、いまや、細かいことは覚えなくてもすぐに検索できます。なので、学生にとっての大学とは、学び方、そして、学問する姿勢を身につけるための場であるべきと、ずっと考えていました。

さて、つぎは学問です。研究というのはどんどん細かく掘り下げていく具体的なものであるのに対して、学問というと、そういった研究を統合した上で思索を振りかけたもの。研究よりはちょっと漠然とした哲学的なものではないかという気がします。

大阪大学には、その「学問」という言葉を使った「学問への扉」という新入生向けの必修科目があります。「学問への扉」と「研究への扉」とではずいぶんとイメージが違うのではないでしょうか。前者のほうが、扉の向こう側がはるかに大きく広がっているという印象です。そうでもないですか？　その「学問への扉」、HPにはこのように紹介されています。

学部・学科を問わず、大阪大学で「学び」をスタートさせる学生は、高校までの受動的で知識蓄積型の学びから、主体的で創造的な学びへと転換する必要があります。そこで、「課題・文献など一つの内容をもとにアカデミック・スキルズの指導を含む、大学における学びの基礎科目」として「学問への扉（愛称「マチカネゼミ」）」を設定しています。

「学問の扉」ではなくて「学問への扉」としてあるところに、学問を始めるための助走というような心意気が込められていて、ええ感じの工夫が見てとれます。それから、マチカネゼミという名前は、大阪大学の豊中キャンパスが待兼山《まちかねやま》にあることからつけられています。新入生みんながものすごく待ちかねているから、ではないのがちょっと残念ですが、まぁまけといてあげてください。

この科目は、学生が興味ある内容を学ぶ中で、少人数クラスで異分野の学生とも接し、異なったものの見方や課題解決の道筋を意識する場であり、「教養教育」の出発点となります。また、授業の中でのレポート添削やプレゼンテーション指導などによって、発信力を高めることも目指します。

と続いています。なかなか立派な目的です。しかし、少人数クラスで必修となると、大学全体での教員の負担は小さくありません。いざ担当させられるとなるとじゃまくさそうです。実際、教授会では、忙しいのにどうしてそんなことをしなければならないのかという意見が出たりして不評でした。2年に1回、15コマの受け持ちがどの程度の負担であると感じるかは個人差があるでしょうけれど、ともかくそういった状況だったのです。

じつは、最初に聞いたとき、私もそう思いました。15回、毎週、医学部のある吹田キャンパスからモノレールで20分ほどかかる豊中キャンパスへ行かねばなりません。それも、金曜日の夕方16時半から90分間の受け持ちです。週末の夜の活動に差し支えが出かねません。

でも、すぐに考えを改めました。どうせやるなら楽しんでやらないと損ではないかと。イヤな仕事でもおもしろいと思いながらやる。これは私のモットーです。うれしくなくともうれしそうにしていたらうれしくなってくる。これは心理学の教えるところです。楽しいと思っていたら楽しくできる。これはずいぶん前から実践していて、経験的に、とことんイヤな仕事はどうしようもないけれど、それ以外ではうまくいくことがわかっています。

医学部で教えているのですが、そこでの教育は少し特殊です。こういう言い方をするとイヤがる人もいますが、基本的には、卒後初期研修の2年間を含めた8年制の高度職能専門学校みたいなものです。知識を詰め込むことが目的なので、残念ながらアインシュタイン言うところの「教育」とはまったく違います。そんなですから、毎年教えながら、これって大学が目指すべき教育と違うよなぁという違和感を持ち続けていました。しかし、「学問への扉」は、アインシュタインが定義する「教育」を実践できる場ではないのか。そう思うと、俄然やる気が湧いてきました。

まずはテーマをどうするか、です。何でもいいのですが、さすがに知らないことを教えるわけにはいきません。なので、「健康と医学について考えよう」にしました。伝わるかどうかは別として、「考える」ではなくて「考えよう」としたのは、学生たちに能動的な姿勢を見せてほしいという気持ちを込めたつもりです。

ちょうどそのころ、何か本を書いてもらえませんかという依頼を受けました。あぁそうや、ゼミの内容を本にできたら、もっとやる気が出るに違いない。一石二鳥ではないかと、いきなり上がるテンション。

4年前に出した『こわいもの知らずの病理学講義』(晶文社)という本が、予想外にも8万部近く売れてから、よく執筆の依頼をちょうだいします。忙しいのでとお断りすることがほとんどなのですが、この書籍化はこちらからお願いしたいくらいでしたので、「渡りに船」か「飛んで火に入る夏の虫」かわかりませんが、なにしろ喜んで食らいつきました。

その時点でのシラバス（授業計画のことで、その内容はつぎの章でお示しします）をお送りして、こういった内容のゼミなんですけれど、書籍化が可能でしょうかと尋ねると、おもしろそうです！　との返事が速攻で返ってきました。編集者さんはだいたいがおだて上手なので、どこまで本心かわかりかねましたが、話はトントン拍子に進みました。

そうやってできたのがこの本です。

シラバスには「できれば授業内容を書籍にして出版する予定にしており、某大手出版社から内諾済みです。そういったことに興味のある人もぜひ受講してください」という文章も追加して希望者を募りました。と書くと、ものすごくスムーズに聞こえるかもしれません。まず、受講希望者が、本当に書籍化できるかどうかの自信はまったくありませんでした。受講希望者がいるかどうかがわかりません。それに、ゼミがうまく進まない、あるいは不出来だったりしたら書籍化など絶対に不可能です。

一回目の授業を終えた感触は、あかん、たぶん無理やわ、でした。あとで詳しく書きますが、そういった印象は、最初のプレゼン、レポート（というよりは論文です。理由は後述）

提出くらいまで続きました。ところが、相互にプレゼンや論文を批評しあったり、ここをこう考えたらどうかといったポイントを指導したりすると、目に見えてよくなっていったのです。受講生のみなさん、ごめんなさい。君たちのことを見くびってました。

まったく信じられないような手応えでした。最初に抱いた心配はまったくの杞憂だったのです。集まってくれた受講生が偶然みんなものすごく優秀だったかというと、これもあとから述べるように、そんなことはないはずです。受講生のみなさん、再度ごめんなさい。でも、特に選抜したわけでもないですからたぶん間違いありません。

ちょっとしたきっかけで、みんなこんなにできるようになるのか。現金なもので、途中からは、これは絶対に本にすべきだと思うようになった次第です。

この本は、その実践の記録です。まずは、科学的な考え方について説明し、プレゼンや論文の書き方についての指導内容を紹介します。そして、それを頭に入れて頑張ってくれた受講生たちの健康や医学についてのおもしろい論文を紹介しながら、どのようなゼミであったかを記していきます。そんなの無味乾燥じゃないのかと思われるかもしれません。読んでもらわなければわかりようがないのですが、決してそのようなことはないとお約束できます。

そういった内容なので、この本は一冊で3通りに楽しめるようになっています。まずは、ゼミがどのように進んだかの記録として、です。参加してくれた学生たちが、いかに成長したかをおわかりいただけるでしょう。もうひとつは、ゼミの内容、すなわち、健康と医学についての知識です。

そして3つ目、本のタイトルからもわかるように、これが最大だと考えています。それは、冒頭に書いたような「学び方を身につける」ための方法論の紹介です。そんなもの簡単には無理だと考えるのがふつうです。私だって自信があったわけではありません。しかし、半年間のゼミ生たちの進歩を見ると、ちょっとした方法論が非常に効果的であったとしか考えられないのです。

ようこそ、「学問への扉」仲野ゼミへ！　あなたも受講するつもりで、いっしょに楽しんでください。

２０２１年　３月

仲野　徹

◉目次

第二章 最低限のノウハウ1

「科学的な考え方」を伝授 第三回授業 59

第五章

実践編　改善した個人論文

整理して伝え方を変える　第七回、第八回授業

第六章

実践編　グループで作る論文

正解のないテーマをどう料理!?　第九回～第十四回授業　187

第七章　授業終了

みんなの感想、ちょっと自画自賛、そして最後の指導　227

序章

仲野ゼミのテーマ

学び方がわかれば怖いものなし

始まりは「本の読み方を身につける」基礎セミナー

「はじめに」で書いたように、ゼミを開講するという気持ちは固まりました。というか、義務なので選択の余地はなかったわけです。つぎの問題は、実際にどのような形式にするか、です。医学部での授業は、ゼミ形式ではなくて古典的な講義形式なので、10年以上の経験があるとはいえ参考になりません。ただ、4〜5年前に一度だけ、「基礎セミナー」という少人数ゼミを開講したことがあります。

これは義務ではなかったのですが、前述のように職能教育的な医学部での教育に飽きたらなくて、自ら志願しておこなったものです。今回のゼミほど大きな手応えはありませんでしたが、それでも、本当の意味での教育をするには、少人数でのゼミ形式しかないということがよくわかりました。そして、そのときの経験が「学問への扉」を進めるにあたっての大きな参考になりました。

「基礎セミナー」は「学問への扉」の前身というか、同じように新入生を対象にしたカリキュラムでした。ゼミのタイトルは「本の読み方を身につける」で、そのシラバスは以下のとおり。

〈授業の目的〉

大学時代に身につけるべきものは、知識よりも学び方です。なかでも最も重要なのは、読書の習慣と本を読みこなす能力です。そういった能力は、一度身につくと、いつまでも役に立つものです。この基礎セミナーでは、岩波新書を読みながら、そのような能力を涵養することを目的にします。

〈学習目標〉

岩波新書から、課題図書『自由と規律　イギリスの学校生活』（池田　潔）、と、自由に選択してもらった4冊を、2週間に1冊のペースで読んでもらいます。土曜日に開講する隔週の講座では、その内容の紹介や、おもしろかった点などを報告してもらい、受講者全員で話し合います。こういった学習を通じて、読書の習慣を身につけるだけでなく、その内容を深く理解できるようになってもらいたいと考えています。

自分で言うのもなんですが、相当に高邁な目的と目標です。理系、文系、さまざまな学部から10名の学生（男子4名、女子6名）が参加してくれて、えらく楽しいゼミになりました。スケジュールとしては隔週で一回あたり90分を2コマ、以下のとおりです。

〈授業内容〉

第一回　イントロダクション
第二回　選書の理由説明
第三回　『自由と規律』についてディスカッション
第四回　各自が選んだ本について紹介と感想（1冊目）
第五回　各自が選んだ本について紹介と感想（2冊目）
第六回　各自が選んだ本について紹介と感想（3冊目）
第七回　第四回、第五回に紹介された本の2冊についてディスカッション（4冊目）

最初は、参加してくれた学生たちが本をどの程度読みこなせるかを知りたかったので、同じ本を読んでもらうことにしました。いわば規定演技というか、規定読書です。そのために選んだ『自由と規律　イギリスの学校生活』は、卒業生の多くがオックスフォード大学やケンブリッジ大学に進学する全寮制のパブリックスクールの生活を描いた本です。1949年の出版とずいぶん昔の本ですが、内容がいまだに古びておらず、岩波新書の中でも古典的名著のひとつになっています。

この本についてのディスカッションは第三回の授業でおこないました。全員が同じ本を読んだのですから、本の内容紹介などはおこなわずに、感想を述べ合ってもらいました。それまで本をほとんど読んだことがないという学生から大好きという学生までさまざまでしたが、読みこなしを聞く限りでは、読書レベルが相当に高いのが印象的でした。

フリー演技ならぬフリー読書では、岩波新書のカタログから、各自3冊を選んでもらうことに。第二回授業で、どうしてその本を選んだかの理由説明をしてもらったのですが、なかなかおもしろかったです。うちひとりは、じつに素晴らしい選書だったので、いったいどうやって選んだのかと尋ねたら、直感ですという答え。天才なんか……。ほとんどオーバーラップはなく、各自バラバラの本を読んで、第四回から第六回はそれぞれについて内容の紹介と感想を述べてもらうという段取りにしました。

指導は、ちょっと、というか、かなりええ加減で、最初、発表形式は指定せず。それでも、フリー読書1冊目の第四回では、プリントを作ってくる学生やパワーポイントでスライドを作ってくる学生がいました。そういった資料のある発表のほうがわかりやすかったのは言うまでもありません。

特に指示しなかったのですが、2冊目を紹介する第五回には、ほとんどの学生が何らかの資料を作ってきてくれました。周囲から自発的に学んでくれたわけです。ただ、作ってきたプリントは、きちんとした感想文からメモ書き程度のものまでかなりの差がありました。これではよろしくなかろうと、次回からはA4用紙1枚程度、読めばわかるような資料を作成するように決めました。そういった経緯から、第六回以降は、まずプリントを読んでからプレゼンを聞くという段取りとあいなりました。

最終回の本をどうするかは少し工夫して、第四回、第五回に紹介してもらった本、計20冊から投票で2冊を選び、そのどちらかを読んでもらうことに。その2冊は『学びとは何か〈探究人〉になるために』(今井むつみ)と『言語と社会』(P．トラッドギル)でした。いずれも紹介でのプレゼンが非常におもしろかったので選ばれたものです。

それぞれを5人ずつが読んだわけですが、『学びとは何か』が盛り上がったのに対して、『言語と社会』はさっぱりでした。みんなの意見で決めたとはいえ、『言語と社会』は少し難しすぎたようです。私も読みましたが、途中で時間切れになってしまいました。

そのときは、再びこのようなゼミを開講するつもりはありませんでした。しかし、ごく簡単なものですがちゃんと総括を書いていました。今回の「学問への扉」の実施内容を考えるときに、その総括がずいぶんと役に立ちました。われながら偉いぞ。というか、書いてなかったら完璧に忘れているところでした。何ごとも記憶が鮮明なあいだにきちんと記録しておくことが大事です。

1．自己評価としては、当初のもくろみはおおよそ達成できたと考えている。その理由としていちばん大きいのは、受講者の読書リテラシーが高かったことに尽きる。残念ながらひとりが少し脱落気味であったが、他は十分に楽しんでくれたとの印象を持っている。

2．それぞれが選んだ本の紹介では、本の内容、プレゼンによってディスカッションが盛り上がらないことのあるのが問題。すべてをこちらから決定するよりは、ある程度の自由度を持たせたほうがいいと考えるが、もう少し選書に介入したほうがよかったのかもしれない。

3．資料については、最初から提出を義務づけるべきであった。特に形式は指定しなかったけれど、各自、他の学生の資料を見て改善していったのがよかった。

4．いちばん問題なのはスケジュール。通年にして、月1回くらいのペースでやったほうが、じっくり読めていいと思うし、試験勉強によるスケジュール変更も不要になる。ただし、現行の単位認定制度では極めて困難。

じつは、このセミナーにはお手本がありました。藤原正彦氏の『名著講義』（文春文庫）です。新渡戸稲造の『武士道』や、福沢諭吉の『学問のすゝめ』、宮本常一の『忘れられた日本人』といった古典的名著を、毎週1冊読んで感想文を提出、そしてディスカッションするという、お茶の水女子大学でおこなわれた読書ゼミの記録です。

『名著講義』に比べたら、もう、まったく恥ずかしいような出来だったと言わざるをえません。でも、私自身が学べたことはたくさんありました。いちばん感心したのは、学生たちが相互にいいところを学んでいってくれたことと、だんだんとプレゼンが上手になっていったことです。この点については、今回のゼミでもまったく同じでした。ちょっと横着ですが、それほど指導しなくとも、学生には機会さえ与えれば、かなりアクティブに学ぶ能力があるということです。

ただ、ディスカッションの盛り上がりなど、もう少し介入したほうがよかったかというところもありました。大きな反省点は、プレゼンのやり方や資料の作成法をもっと指導すべきだった、ということです。こういったものは、コツというか技術なので、勘所さえ教えれば、もっとスムーズに進行できたはずです。

授業時間のせいでどうしようもなかったのですが、2週間で1冊というのは、少し厳しかったようです。『名著講義』では毎週、それもレポート提出までさせたというのはまったく信じられません。どれだけ能力の高い学生たちだったのでしょう。

プレゼンを聞いて、きちんと読んできてないだろうと思わざるをえないケースもありました。たとえそうであっても、プレゼンだけなら、何とかごまかせてしまうというのが問題だということがよくわかりました。それから、ドロップアウト気味になってしまった学生がひとりいたのも、如何ともしがたいとはいえ、残念なことでした。

この「基礎セミナー」での経験が、今回のゼミの計画を立てるときに大いに参考になりました。何ごとも、やってみておくこと、そして記録しておくことが肝要です。

授業計画のヒントはオックスフォード大学の『教え学ぶ技術』

もう1冊、「学問への扉」ゼミを考えるときに参考にさせてもらった本があります。東京大学教育学研究科の教授からオックスフォード大学の教授になられた苅谷剛彦先生の本『教え学ぶ技術　問いをいかに編集するのか』(ちくま新書)です。

HONZ (honz.jp) というノンフィクションレビューサイトで定期的にレビューを書いているのですが、この本についても書きました。内容紹介のため、その一部を紹介させてください。タイトルは「真の教育、オックスフォード大学にあり」です。

＊＊＊

なるほど、これが教育というものなのか。

"Education is what remains after one has forgotten what one has learned in school."

〝教育とは、学校で学んだことをすべて忘れたあとに残るものをいう〟

大学の医学部で教えているが、授業の最終回に伝える言葉のひとつだ。アルバート・アインシュタインの名言である。知識や情報はすぐに古びてしまうし、検索すればすぐに見つかる時代だ。大学で何を学ぶべきか。それは、考え方であり学び方でしかない。と思ってはいるのだが、自分でそのような教育ができているかと問われると、まったく落第である。学び方を身につけろと言ってはいるが、実際には学生任せ、各自が工夫して身につけなさい、と語るにすぎない。

学生に考え方を身につけさせる。それには、自ら考えさせ、適切なアドバイスをくり返すしかない。それも、指導しすぎない程度に導きながら。わかってはいるが、それを個別におこなうにはどれだけ時間がかかるか。とても不可能だと思っていた。しかし、オックスフォード大学ではそれがチュートリアルとしておこなわれている。苅谷剛彦氏によるこの本を読んで大きな衝撃を受けた。やろうと思えばできるということに。

学生ひとりか、せいぜい2～3人に教員がひとりという個別指導だ。内容は想像以上に濃い。毎週、小論文を書くための問いと、それに解答するために10冊ほど（！）の著書と論文が提示され、それを資料にしてA４に10枚くらいのエッセイ（小論文）を書く。そして、そのエッセイについて教員と質疑応答や議論がおこなわれる。この本は、そのチュートリアルの模擬授業である。

第1部は、学部学生レベルのチュートリアルが示されている。1日目は、学生（模擬授業なので、実際には学生役だけど、ややこしいから学生にしておきます。先生についても同じ）が書いてきたエッセイについて、どうしてこう考えたのかを中心に議論される。指導ではない。学生に考えさせるためのセッションだ。

それに基づいて書き直されたエッセイについての建設的な評価が2日目の内容である。学生が何を考えてどう直してきたか。自分でも気づいていなかったような思考方向を先生に指摘されたりするのがおもしろい。

一回目のエッセイと二回目のエッセイも載せられている。オックスフォード大学への留学経験のある学生役・石澤麻子さんが優秀なこともあるが、読み比べると素晴らしくよくなっているのがわかる。

真剣に考え抜いてこれだけのエッセイを書くには、相当な集中力と時間を要するはずだ。おそらく、他のことはほとんどできないだろう。それが8週間で1コース。ふぅ、どれだけ濃密な教育なんだ。

自らの30年以上にわたる研究歴から気づいたことのひとつは、異なったテーマを扱うとき、一見違うように見えても、それらについての思考のパターンはそれほど多くない、ということである。むしろ、異なって見える各論的な議論を、そう多くはないパターンにどう落とし込むかが考える技術だ。こう書くと簡単なように見えるが、意外と難しくて、相当な経験が必要である。

しかし、そのような考える技術は、一旦身につくと忘れることはない。オックスフォード大学でこのような教育を受けた学生は、将来、エッセイに何を書いたかの詳細は忘れても、どのように考えて書いたかはいつまでも頭にしみこんでいるはずだ。（中略）具体的な内容は本を読んでもらうしかないが、これだけ濃密な教育をおこなっているのが、オックスフォード大学の強みなのだ。おそらくケンブリッジ大学も似たようなものだろう。世界大学ランキングにはいろいろな議論があるが、両大学がトップ10に入るのはだてではない。逆に、日本の大学が下位に甘んじているのもやむをえまい。

自分の授業で必ず紹介する言葉がもうひとつある。山本義隆氏が『磁力と重力の発見』（みすず書房）で大佛次郎賞を受賞されたときの言葉だ。

専門のことであろうが、専門外のことであろうが、
要するにものごとを自分の頭で考え、
自分の言葉で自分の意見を表明できるようになるため。
たったそれだけのことです。
そのために勉強するのです。

オックスフォード大学の教育はこれを具現している。

＊＊＊

スミマセン。アインシュタインの言葉は、冒頭でも紹介したので、ダブってますね。まぁ、それだけ重要だと考えていると思って堪忍しておいてください。

もちろん、オックスフォード大学の個人授業のように濃厚なことができるわけはありません。しかし、大学で何を学ぶべきかを少しでも伝えたい。そんな気持ちでシラバスを作成しました（34〜35ページの表1）。ゼミを受け持つとなると、まず作らねばならぬのがシラバ

スです。これを見て、学生たちはどのゼミを受講するかを決めるのですから、ちゃんと書かなければなりません。それに、意欲の高い学生に参加してもらうには「釣る」ような内容も必要です。

「はじめに」とこの章に書いたようなイメージがうまく表されているでしょうか？　そして、これだけを読んで受講してみたくなってもらえたでしょうか？　正直なところ、読み返してみると、やや物足りないような気がします。

結局はそのとおりにやらなかったので、ここには載せていないのですが、シラバスは授業スケジュールつきです。恥ずかしながら、どうするかがよくわからないようなスケジュールになっていました。それもそのはず、そんなことではダメと思いながらも、やってみないとわからないのだからと、適当に書いたにすぎなかったのですから。実際のゼミでは、当初予定とはやり方を大きく変えることになったのですが、それはおいおい説明します。

金曜5限に開講される「学問への扉」は全部で36講座ありました（37ページの表2）。学生は、そのうちから第8希望まで希望順位をつけて登録をします。

ジャンルは多彩で、文系、工学系、物理系、医学生物学系といったところです。

	ると生涯忘れることはありません。必ず一生モノになります。 テーマは自由に考えて選んでもらう予定ですが、ＡＩと医学、先端医療と高額化、ゲノム編集、命の選別、高齢化社会、など、できるだけコンセンサスの得られにくいテーマをと考えています。
学習目標	・コミュニケーション能力、思考力、プレゼンテーション能力、文章作成能力を身につける。 ・健康および医学についてのリテラシーを身につける。
履修条件・受講条件	小グループに分かれてのディスカッションが中心です。したがって、きちんと出席して活発に発言することが必須要件になります。
教科書・教材	適宜指示します。
成績評価	発表など授業での履修態度（75％）、およびレポート（25％）。
特記事項	できれば授業内容を書籍にして出版する予定にしており、某大手出版社から内諾済みです。そういったことに興味のある人もぜひ受講してください。
受講生へのメッセージ	「専門のことであろうが、専門外のことであろうが、要するにものごとを自分の頭で考え、自分の言葉で自分の意見を表明できるようになるため。たったそれだけのことです。そのために勉強するのです」 科学史家であり自然哲学者でもある山本義隆氏の言葉です。受験勉強とはまったく違う、こういった意味での勉強をいつまでも続けられる人になってほしい。心からそう願ってこの授業を開講します。

表1　「学問への扉」シラバス

仲野ゼミ開講にあたり募集用のシラバスを作りました。

曜日・時限	金曜日・5限
開講科目名	学問への扉
担当教員	仲野 徹
サブタイトル	健康と医学について考えよう
開講時期	春～夏学期
開講言語	日本語
授業の目的と概要	大学において身につけるべき最も大事なことは、学び、考え、そして、発表する能力です。そういった能力を身につけることを最大の目的にした授業です。 大量の知識を記憶して「勉強」と称する時代は終わりました。知識はすぐに古びます。それに、情報はいくらでもネット検索できます。これからは、そういった情報が正しいかどうかをいかに判断するか、そして、膨大な情報から何を選択すべきか、また、それらをまとめてどう考えて発表していくか、が必要になる時代です。そのような能力を身につけてもらおうというのがこの授業の目的です。 その対象として「健康と医学」をとりあげます。誰もに関係する健康と医学をめぐるさまざまなテーマを選んで情報を集め、小グループでディスカッションをおこない、論理的な考え方をどう進めるか、結論をいかにわかりやすく発表するか、などの指導をおこないます。 こういったことを通じて、情報を集め、問題点や解決法を探り、考えるための方法論（コツ、と言ってもいいかもしれません）を身につけていきます。このような能力は、自転車に乗れるのと一緒で、一度身につけ

大きなテーマもあればものすごく小さそうなものもあります。それに、わかりやすいものもあれば、いまひとつ内容がつかみきれないものまで、じつにさまざまなタイトルが並んでいます。こうして眺めてみると「健康と医学について考えよう」はちょっと地味すぎました。もっと盛ればよかったと思ってもあとの祭りです。

学生が集まらなければお話になりません。定員20名としたのですが、集まったのは14名。う〜ん、人気があったとは言いがたい。希望順位の低いところへ回されてやる気のない学生ばっかりやったらどうしよう、と不安感を抱きながらの開講とあいなりました。

表2 「学問への扉」金曜日5限の36講座

多彩なジャンルの中で「健康と医学について考えよう」というタイトルは、ちょっと地味すぎましたね。

アメリカ史入門	なぜ女性議員は少ないのか？
市場の科学と英米資本主義の現在	経済史入門
ハンガリー研究入門	インドネシアの歴史と社会
インド音楽入門	Introduction to Economics
映画や文学にみる医学	予防医学への招待
核酸医薬の基礎	物性物理学入門：電子をあやつる！
原子核を見る	惑星科学への誘い
ダイナミックな生命の科学	環境工学入門2 ―地球環境問題を考える
流れとかたち ～相似則をとおして考える	ナノテクノロジーの最前線
建築・町を見る	ものづくり工学入門 Ⅱ
集積回路入門	プラズマ応用入門
知的意思決定入門	情報システム基盤
健康と医学について考えよう	寄生虫学入門
産業と科学～生体分子と細胞	人工知能と人間
蛋白質科学（百聞は一見に如かず）	ものづくりサイエンス「金属ぬれ性」
科学情報の入手技術、プレゼンテーション技術	ノートパソコンでエレクトロニクスの実験を体験しよう
大学生活と社会	イノベーション/リーダーシップ入門
データサイエンス×ものつくり	様々な科学でみられる数理と応用 Ⅰ

第一章

本番開始！

自分の「考え」をレベルアップする

第一回、第二回授業

ギリギリまで熟考した「結果が出そうな」教え方

われながらよろしくないのですが、いざというときにならないと、いまひとつ真剣に考えないところがあります。でも、それは、ある意味でいたしかたないとも思っています。ものごとが具体的になる前に考えても、時間の無駄になってしまうことが多いからです。はい、もちろん言い訳です。

前述のように、学生を募集するシラバスで、あくまでも一応ですが授業スケジュールを提示していました。ただ、完全に具体案を決めたのは、第一回の授業の直前でした。厳密には、シラバスの内容を勝手に変更するのはよろしくないのでしょうが、よりよいと思えるやり方に変更するのは許してもらえるかという勝手な判断です。まぁ、それやったら、初めからちゃんと考えておけっちゅうことなのではありますが。もうひとつ言い訳をさせてもらうと、新型コロナの影響も大きかったのです。

受講してくれる学生に対して実際に提示したスケジュールは表3のとおりでした。

第1ラウンドは、個人競技、というか、それぞれが個人でテーマを決めて、それについて

表3　授業スケジュール 〜開始直前に決めた計画〜

「自分の考え」をさらにレベルアップさせていくには
どうすればいいかを考えて作りました。

スタートアップ

1	自己紹介	
2	テーマの提案（自習）	大テーマを10個、それぞれに3項目ずつ
3	調べ方、考え方の指導 ＋テーマの割り当て	

第1ラウンド

4	概要のプレゼン	ひとり4〜5分ずつ、パワーポイントで
5	レポートの提出⇒精読	2000 〜 4000字のレポートを作成
6	レポートへの質問、感想、提案	おたがいのレポートに対するコメント⇒改訂
7	プレゼン＋ディスカッション	ひとり10分くらい、パワーポイントで
8	プレゼン＋ディスカッション	ひとり10分くらい、パワーポイントで

第2ラウンド

9	グループディスカッション	3〜4グループに分けます　Zoomで
10	グループディスカッション	3〜4グループに分けます　Zoomで
11	概要のプレゼン	グループあたり10分程度
12	レポートの提出⇒精読	1万字程度のレポート
13	レポートへの質問、感想、提案	おたがいのレポートに対するコメント⇒改訂
14	プレゼン＋ディスカッション	グループあたり20 〜 25分、パワーポイントで

ファイナルラウンド

15	総合討論（できたら会食で）	新型コロナが収束してますように！

考え、プレゼンし、論文を提出する、というやり方にしました。違うテーマにして、個人テーマを2回くり返してもよかったのですが、それでは芸がありません。だから、第1ラウンドである程度やり方がわかった上で第2ラウンド、個人テーマよりも大きなテーマについて、グループでディスカッションしながらまとめてもらうというやり方にしました。

熟考したのは、それぞれのラウンドの中での進め方です。自分の頭で考えて、自分の言葉で発表するのはもちろん最重要です。でも、それだけではなくて、他の人にも同じように考えてもらう。そして、その意見を聞いて、自分の考えをさらにレベルアップさせていく。そういったやり方のほうがずっと優れていると考えてこのようなかたちにしました。

なので、第1ラウンドの個人テーマでも、第2ラウンドのグループテーマでも、まずは、ざっくりとこんな感じでいきますというプレゼンをしてもらって論文を作成。そして、プレゼンと論文の両方に対して、全員でディスカッションする。もちろん、私からも指導やダメ出しをする。それをふまえて、最終的なプレゼンをしてもらい、その機会にさらなるディスカッションを経ることにより、最終的な論文を作成、というようにしたのです。

何も参考にせず思考実験でこれがベストと考えて組んだ案です。うまくいくかどうかはまったくわかりませんでしたが、参加した学生たちがみんな一生懸命やってくれたので、結果的には思惑以上に教育効果があったと自慢させてください。

文系も理系もいい感じに混ざった14人の新入生

第一回の授業は、新型コロナのせいで予定よりも2週間遅れ、4月末の開講となりました。開講といっても、もちろんZoomです。一回目は、まず自己紹介。14名の学生たちの名前と学部・専攻です。（五十音順）

井上《いのうえ》　葵《あおい》　外国語学部外国語学科日本語専攻
上長《かみなが》　央《あきら》　経済学部経済・経営学科
佐伯武音《さえきたけと》　理学部生物科学科生命理学
篠原《しのはら》つばさ　外国語学部外国語学科スワヒリ語専攻
高野宏樹《たかのひろき》　工学部応用自然科学科
内藤智由希《ないとうちゆき》　工学部応用自然科学科
白谷優悟《はくたにゆうご》　経済学部経済・経営学科

濱野《はまの》凌祐《りょうすけ》　工学部応用自然科学科
林《はやし》　起輝《たつき》　経済学部経済・経営学科
藤原《ふじわら》彩風《あやか》　外国語学部外国語学科イタリア語専攻
前田《まえだ》知樹《ともき》　経済学部経済・経営学科
山口《やまぐち》孝太《こうた》　工学部応用自然科学科
山﨑《やまざき》彩可《あやか》　工学部応用自然科学科
山崎《やまざき》　空《そら》　工学部応用自然科学科

あまりゼミの内容と関係ないのですが、気になるかもしれませんので、わかりにくい専攻について少し説明しておきます。

まず「外国語学部外国語学科日本語専攻」です。日本語専攻というのは、日本語教育など「日本語を外国語として学ぶ」ことを目的とした専攻です。もうひとつは「生物科学科生命理学」。生物科学科には「生物科学コース」と「生命理学コース」があります。前者が旧来からの生物科学を重点的に学ぶコースであるのに対して、後者は、化学・物理学・数学など他の理学分野からの視点によって生命科学研究を学ぶことを目的としています。他はおおよそ想像がつくかと思います。

初回ということもあるし、Zoom越しなので、みんなやや緊張気味でした。第一印象としては、おとなしい学生が多いかという気がしました。幸いなことに、回が進むにつれてそのようなことはないとわかっていったのですが、正直なところ2〜3人は大丈夫かと思ってしまうくらいでした。脱落者を出さないことを第一の目的にしていたので、ちょっと心配。

私の「学ぶ技術」を鍛えた名著たち

自己紹介のつぎは、このゼミの目的の説明です。それは、ほぼここまでで書いてきたとおりです。そして、もうひとつ強調したことがあります。それは、情報を集める、考える、プレゼンする、論文を書く、というのは、ある種の技術にすぎない、ということです。やっているうちに自然に身につくものではありません。しかし、ふと思い起こしてみれば、私は何冊かの本に大きな影響を受けてきました。

『知的生産の技術』

まずは、古典的名著、梅棹忠夫の『知的生産の技術』（岩波新書）です。１９６９年の出版で、データ書き込み用のB6判の京大式カードや、文章作成用の「ひらかなタイプライター」など、いまとなっては使われることもありませんが、ちゃんと買ってました。高校生時代、この本から「知的生産」に受けた影響は計り知れません。

考えるというのは、ともすれば高尚なことと捉えられがちですが、そうでもないというのが持論です。哲学のように、ああでもないこうでもないと、こねくり回して考えるのはかなり高度です。しかし、私が専門とする生命科学で使う論理など、気の利いた小学校高学年の子どもなら理解できる程度です。というよりも、そのくらいでないと信じてもらえません。だから、できるだけ単純に考えるといいのです。

『思考の整理学』

東大、京大の生協でベストセラーを続けているという外山滋比古の『思考の整理学』(ちくま文庫)は、考える方法論をわかりやすくまとめた本です。ある程度の経験をつんだ人には当たり前のことばかりと言えばそれまでなのですが、大学に入って早い段階でこのような本を読んでおくと、「思考の技術化」に役立つはずです。

『発想法　創造性開発のために』

川喜田二郎がフィールドワークの経験から「データそれ自体に語らしめつつそれをどうして啓発的にまとめたらよいか」についての方法を述べた本が『発想法　創造性開発のために』（中公新書）です。この本に紹介されている、川喜田二郎の名前からとられた「KJ法」は、思考法あるいは発想法というよりもかなりテクニカルなやり方ですが、ものすごく役に立ちます。考えずとも、データが自然に教えてくれる、といってもいいような方法で、私自身が長年、研究の展開を考えるとき、論文を作成するときに使ってきた自家薬籠中の方法論です。これについてはあとで詳しく書きます。

『理科系の作文技術』

つぎは論文作成についてです。これはなんといっても、1981年の発売以来、100万部を突破している『理科系の作文技術』（中公新書）がオススメです。物理学者・木下是雄が、論文の書き方やプレゼンの仕方について、その奥義を披瀝してくれています。「理科系の」という枕詞がついていますが、論理の通った文章を書くお作法は文理を問いません。司法試験の論文式問題の勉強にも使われるそうです。

仕事柄、プレゼンの方法について講演をしたりすることがあります。ある日、ふと思い立って、何十年も前に読んだこの本を読み返してみました。そこには、なんと、自分が長い経験であみだして身につけたと信じ込んでいた方法がほとんどすべて書かれていました。オリジナルとちゃうやん、マネしてただけやんか。それを偉そうにあちこちで話しとったんか……。心底、愕然としました。まったくトホホです。しかし、うれしい発見もありました。超ロングセラーの初版本を買っていたことです。

個人テーマを選んだ3つのポイント

まずはテーマの提案です。全員から10個ずつのテーマを出してもらうことにしました。心づもりとしては、個人種目でのテーマは重複させないこと、それから、グループ種目ではできるだけ意見が対立するようなテーマであること、です。

内容は、医学あるいは健康に関係のあることなら何でもオッケー。ただし、テーマがあまり大きすぎると手に負えなくなる可能性があるので、それぞれのテーマにサブテーマを3つずつつけてもらう、ということにして、第二回の授業までに提出してもらいました。

といっても、二回目の授業、5月2日はバーチャル、つまり「提出のみ」で授業があったという扱いでした。というのは、大阪大学には「いちょう祭」という行事があって、その日の授業はお休み。文科省により15回の授業が義務づけられているのですが、最初の2回は新型コロナのためにパスだったせいで、夏休み期間までに収まりきりません。だから、この日を「自習」として割り当てざるをえなかったようです。

では、いよいよみんなが提出してくれたテーマを紹介します（50〜53ページ表4）。

似たテーマも多少ありましたが、これだけバラバラのテーマが出てくるとは思いもよりませんでした。同じようなテーマばかりになったら厄介だと思っていたのですが、まったくの杞憂でした。文理の違い、ジェンダーの違いも関係しているかもしれません。

ただ、できるだけ答えの出ないようなテーマを提出してちょうだいね、と指導したつもりなのに、必ずしもそうではなかったのが少し残念でした。ゼミに限らず、授業でもよく感じることですが、十分説明したつもりでも、こちらの意図はなかなか伝わらないものです。

それでも、みんながこういうことに興味を持っているのかと知ることができたのは大きな収穫でした。重複した3つのテーマは、①ダイエット、②感染症（伝染病）、③ストレスでした。なんとなく気持ちがわかります。

学生名	高野宏樹	内藤智由希
テーマ	健康食品について	オルソケラトロジー
	先天性について	レーシック
	製薬について	漢方
	医療ロボットについて	ドライアイ
	ウイルスについて	腸内細菌
	感染症について	フレイル
	生活習慣病について	アルコール中毒
	健康診断について	ドラッグ中毒
	エックス線について	紫外線
	医師について	花粉症

学生名	白谷優悟	濱野凌祐
テーマ	煙草	新型コロナウイルス
	プロテイン	違法ドラッグ
	ダイエット	出生前診断
	ジャンクフード	喫煙
	マスク	飲酒
	ストレス	遺伝子組み換え食品
	生活習慣病	食品添加物
	遠隔医療	ストレスについて
	国境なき医師団	ダイエット
	伝染病	発展途上国の医療

表4　ゼミの学生が提出したプレゼンとレポートのテーマ

予想に反して、みんなのテーマはさほど重なりませんでした。

学生名	井上 葵	上長 央
テーマ	室内における健康	ドーピングについて
	安楽死について	臓器移植について
	人工妊娠中絶について	漢方薬について
	代理母について	うつ病について
	臓器提供について	睡眠について
	自殺について	肥満について
	余命宣告について	気胸について
	薬の副作用について	靱帯について
	麻薬について	クローンについて
	伝染病について	失語症について

学生名	佐伯武音	篠原つばさ
テーマ	実験体への倫理	スーパーフード
	脳科学の進歩のために	栄養素
	リストカット	記憶
	医師の不足	ガン
	人と精神	ダイエット
	つぎのパンデミック	コロナウイルス
	障害者の人たちへ	（美容）整形
	ワクチンを使用すること	寿命
	薬とお医者さん	視力
	原爆症	筋肉

学生名	山﨑彩可	山﨑 空
テーマ	インフルエンザについて	感情について
	ドライアイについて	視力について
	乳酸菌について	睡眠について
	栄養ドリンクについて	疲労について
	寿命について	運動について
	認知症について	クローンについて
	ゼロカロリーの飲み物について	食事について
	チョコレートについて	寿命について
	スポーツドリンクについて	ウイルスについて
	髪の毛について	お酒について

学生名	林 起輝	藤原彩風
テーマ	睡眠について	体内時計について
	視力について	日光について
	ガムの効用	ストレスについて
	ダイエットについて	遺伝について
	スマホの健康被害	医薬品について
	脳について	ブルーライトについて
	自律神経について	老化について
	ホルモンバランスについて	予防接種について
	栄養面での理想の食べ物	笑いについて
	最も健康によいスポーツ	抗生物質について

学生名	前田知樹	山口孝太
テーマ	汗	体の再生力
	睡眠	認知症について
	ストレス	安楽死と尊厳死
	ジョギング	身長について
	ブルーライト	飲酒と健康
	花粉症	不安と緊張と健康
	筋トレ	スマホについて
	タバコ	食生活について
	飲酒	頭痛について
	虫歯	ロコモティブ症候群

表５　個人テーマ決定

各自が提出した10テーマから、①おもしろそう、②大きすぎない、③自分の意見を表現できるようなものを選びました。

井上 葵	余命宣告について	濱野凌祐	新型コロナウイルス
上長 央	ドーピングについて	林 起輝	ガムの効用
佐伯武音	医師の不足	藤原彩風	予防接種について
篠原つばさ	（美容）整形	前田知樹	ブルーライト
高野宏樹	健康食品について	山口孝太	スマホについて
内藤智由希	ドラッグ中毒	山﨑彩可	栄養ドリンクについて
白谷優悟	ジャンクフード	山崎 空	感情について

個人テーマは、各人10個のうちから私が選びました。選んだ基準としては３つです。まずは、おもしろそうなテーマであるということ。あくまで私の主観になりますが、こちらも楽しませてもらわないといけませんからね。ふたつ目は、どうにも調べにくそう、あるいは、大きすぎるテーマは避けるということ。

それから、レポートではなくて論文、きちんと自分の頭で考えるというのが最大の目的なのですから、いちばん重視したのは、単に調べてまとめるだけでなく、自分の意見を表現できるようなテーマであること。これが３つ目です。

そうして選んだテーマは表５のとおり。もちろん、最終的には、各自このテーマでよろしいかと確認しました。

どうでしょう？　みなさんなら、どれを選ばれるでしょう。これよりも他のやつのほうがいいと思われるかもしれません。そんな感じで、常にいろんなことを考えながらこの本を読んでもらえたら、とてもうれしいところです。そのように読むことが、考える力につながっていくはずですから。

グループ用テーマには「正解のない」ものを選ぶ

もうひとつはグループ用のテーマです。これは、できるだけ答えが出にくい、議論が盛り上がるようなものをと考えて選びました。複数の学生が同じようなテーマを提出しているので、まずは7つにまとめました。それぞれの小テーマもいっしょに書いてあります。

●安楽死と尊厳死

ふたつの死の違い、ふたつの死は許されるか、一般大衆の意見と法律

安楽死とは何か、日本でなぜ禁止されているのか、なぜ安楽死を選ぶのか

●臓器提供について

脳死とは何か、誰の意思が尊重されるのか、日本と世界の状況

●出生前診断と人工妊娠中絶について
　人体に与える影響、胎児への影響、出生前診断
　人工妊娠中絶とは何か、処置できる期間、胎児は人権があるのか
●代理母について
　代理母とは何か、代理母は職業なのか、日本で普及しない理由
●クローンについて
　クローンとは、クローン動物、クローン人間の権利
　クローンの倫理的危険性、クローンがもたらすデメリット、クローンの現状
●実験体への倫理
　動物の実験体への倫理、人を実験体として扱うこと、人クローンの作成
●脳科学の進歩のために
　脳に手を加える、自分の脳を使った研究、倫理観を捨てるべきか
グループ用のテーマも、個人テーマと同じ基準で、

- ●安楽死と尊厳死
- ●脳死と臓器移植
- ●出生前診断と人工妊娠中絶
- ●代理出産

の4つをまず選び、ここから学生たちの希望で3つに絞り込むことにしました。その詳細については、第五章の最後に。

第二章

最低限のノウハウ1

「科学的な考え方」を伝授

第三回授業

プレゼンと論文に必須の3つのノウハウ

テーマだけ決めて、さあやってください、というわけにはいきません。最低限のノウハウを指導する必要があります。それが第三回の授業の内容で、第二章と第三章に分けて紹介します。「はじめに」で書いたように、ある意味では、ゼミの、そして、この本のいちばん重要なところです。内容は大きく3つのパートに分かれていて、自分で言うのもなんですが、90分の授業のわりには非常に濃密です。

第1のパートは「科学的な考え方」です。ときどき、高等学校へ出前授業に呼ばれて行くことがあります。そういったときにお話しするテーマのひとつがこれです。科学とはどういう営みなのかという少し抽象的な内容と、科学的に考えるとはどういうことなのかについての具体的なお話です。伝えたいのは「論理的に考えるときに重要なこと」なのですが、残念ながら、論理学そのものにはそれほど詳しくありません。でも、研究を通じて、科学的な考え方には長年慣れ親しんできました。

もちろん、科学的な考え方には正しい論理が必要です。難しそうに聞こえるかもしれませんが、科学的な考え方の勘所はかなりシンプルです。だから、論理学のように小難しくはなくて、容易にマスターできるはずです。また、科学的な考え方は実生活にも広く応用が可能であるという大きなメリットがあります。

第2のパートは「論文の書き方」です。レポートというよりも、あとで書くような理由から、実際にはむしろ「論文」と考えてもらったほうがふさわしいので、「論文」です。こちらは、高等学校ではなくて学会でのセミナーや大学院生向けの講義なのですが、「論文の書き方、通し方」というコンテンツも持っていて、それをもとにしての説明です。これも、科学的な考え方と同じく、ちょっとしたコツがあって、それを知っているかどうかで論文の質や執筆の効率が大きく違ってきます。

第3のパートは、上のふたつを受けての模範プレゼンテーションです。方法論だけを聞いてもピンとこないかもしれないので、実際にどういうふうにすればいいかを例示してみた、というところです。タイトルは「喫煙者の権利は認められているか?」ですが、これだとテーマが大きすぎるので、「タバコとアルコールの比較から」というサブタイトルをつけて、その見地から簡単な紙上プレゼンをしてみました。

科学的な6つの考え方——ふだんの生活にも応用できる

科学的に考えるためには、まず、科学というのはどういった営みなのかを知っておく必要があります。いわば、科学のルールです(63ページ図1)。

科学においてまず何よりも大事なのは、実験や観察の結果です。データと言い換えてもいいでしょう。それぞれの結果——難しい言葉ですが「単称言明」と言われることもあります——から、帰納的に仮説や法則を考えます。帰納というのは、広辞苑によると「個々の具体的事実から一般的な命題ないし法則を導き出すこと」とあります。ちょっと賢《かしこ》げに言うと、いくつかの単称言明から仮説や法則——単称言明に対して「普遍言明」と言います——を導き出す、ということです。

つぎに、そうして導いた仮説や法則が正しいかどうかを確認するための実験や観察、すなわち検証をおこないます。結果として、思いどおりであれば、その普遍言明は正しそうだ、というようになるわけです。こういったやり方を帰納的な証明と言います。ここで大事なのは、「その仮説や法則(普遍言明)は正しい」ではなくて、「正しそうだ」にすぎないということです。

図１　科学のルール

科学的に考えるために、まず科学がどういう営みかを図にしました。

帰納法というと、高等学校で習う数学的帰納法を思い出す人もいるでしょう。数学的帰納法による証明は正しいのですが、一般的な帰納法による証明というのは必ずしも正しくありません。普遍言明に合致する単称言明をいくらたくさん見つけ出すことができても、「反証」が出てきたら、一気にひっくり返されてしまうからです。よく使われる例ですが、「カラスは黒い」という「法則」でそれを考えてみましょう。

去年までたくさんのカラスを見てきたけれど、全部黒かった。帰納的に考えて、どうやら「カラスは黒い」と言ってよさそうだ。今年になってからもカラスを見たけれど、やっぱりみんな黒い。うん、「すべてのカラスは黒い」というのは正しい法則だ。というのが、帰納的証明です。それに対する反証は「カラスは黒くない」です。

そんなカラスがいるのか？　というと、実際にいます。白いカラスが見つかっているのです。医学的にはアルビノと呼ばれる遺伝子変異で、メラニン色素が作られないために全身が白くなります。1羽でもそういうカラスがいると「カラスは黒い」という法則あるいは普遍言明は間違いだということになります。屁理屈だと思われるかもしれませんが、科学における論理というのは厳密性が必須ですから、こういうものです。仕方ありません。

科学法則というと絶対的に正しいと思われるかもしれませんが、必ずしもそうではないのです。あくまでも、「現時点で正しいとされている考え」にすぎないというのが正しい認識です。だから、私の師匠である本庶佑《ほんじょたすく》先生は、ノーベル賞を獲られたときの記者会見で「教科書を疑え」とおっしゃったのです。

ただ、これには注意が必要です。教科書に書いてあることを片っ端から疑っていては、何ひとつわかるようになりません。特に、科学は相当に進んできていますから、教科書に書いてあることはおおむね正しいと考えたほうがいいでしょう。そうやっておおよその知識を得た上で、教科書を疑う、あるいは、教科書に載ってないことを考えるという姿勢がいちばん正しいやり方です。

以上、まとめます。科学というのは、単称言明（観察・実験）に基づいて帰納的に考え、普遍言明（仮説・法則）を導き出す行為だということです。ただし、普遍言明といっても、百パーセント正しいとは限らない。反証が出されたら覆される、ということをしっかり頭に入れておいてください。

では、具体的にどう考えればいいのか、という話に入っていきます。67ページ表6にあるように6つに分けて説明してありますが、これはあくまでも私の考え、というか、経験則であって、他にもあるでしょう。それから、強調しておきたいのは、ここにあげるような考え方は、決して科学においてのみ通用するのではなく、日常生活においても非常に役立つということです。だから、頭に入れておけば、生活が楽しく、さらには、だまされにくくなることを保証します。とってもお得なので、しっかり読んでマスターしてください。

科学的な考え方1　正確なデータに基づいて考える

当たり前すぎることですが、正しいデータがなければお話になりません。「前提が偽であればすべて真」というのは論理学の教えるところです。もし、もとのデータが間違えていたなら、どんな結論だって正しくなってしまうのです。

そして、言葉は正確に使わなければなりません。

またカラスかと思われるかもしれませんが、ちょっと白っぽいカラスがいたりします。だから、『わりと』がつけばカラスも白い」のです。そういったことがあるので、何より重要なのは定量的に考えることです。どんな場合でも数値化できるというわけではありませんが、可能な限りナマの数字で定量的に考えることが大事です（69ページ図2）。

大学院生がデータをプレゼンするときに、こちらのほうが少し多いです、などという言い方をすることがあります。そういうアホな発言をすると、百パーセントの確率で私から厳し

表6　科学的な考え方 〜まとめ〜

以下のような考え方が身につくと、
生活が楽しく、かつ、だまされにくくなります。

1．正確なデータに基づいて考える

あいまいなデータからは何も生まれない
できるだけ定量的に考える

2．「健全な」好奇心を持って疑う

これまでの説が正しいとは限らない
他人と違う考え方をする

3．できるだけ単純に考える

ものごとを単純な要素に分けて考える
「オッカムの剃刀」の考え方を身につける

4．合理的に考える

自分の思いどおりにいかなくても、素直に受け入れなければならない
うまくいかない可能性があることを常に頭に入れておく

5．慎重かつ大胆に考える

間違いがないように細心の注意をはらう
できるだけ夢を持って考える

6．同じ興味を持っている人と話し合う

自分の頭だけで考えていても行き詰まる
他人に話すことで、自分の頭を整理する

く注意されます。「少し」というのは主観的であって、どの程度のことを言っているのかがわかりません。「だいぶ」も「とても」もそうです。きちんとした数値で表さなければお話にならないのです。

さらに言うと、相対的な数値ではなくて絶対値で考える癖をつけておくことが望ましい。たとえば、10％増えました、といっても、10％から20％に増えたのか、90％が100％になったのかでは解釈がずいぶんと違ってきます。注意が必要なのは、直観的な印象を悪用するために、怪しげな健康食品やニュースで、図2下段の右端にあるような描き方のグラフが使われるケースがあることです。意図的ではないかもしれませんが、誤解を招きやすい示し方です。しかし、たとえこんなグラフがあっても、ちゃんと絶対値を見る癖をつけておけばだまされることはありません。

科学的な考え方2　「健全な」好奇心を持って疑う

研究者になるのにいちばん重要なことは何ですかと尋ねられると、迷わず、「健全な」好奇心だと答えます。これは研究者だけでなく、ふつうに生活する上でもとても大事なことです。科学のルールで書いたように、必ずしもこれまでの説や法則が正しいとは限りません。

図2　定量的に考えることの重要性

あいまいな言い方やデータの見せかけにだまされるな！

「わりと」がつけばカラスも白い

「あのカラス白い」

「あのカラスわりと白い」

10%増えました、と言われても……

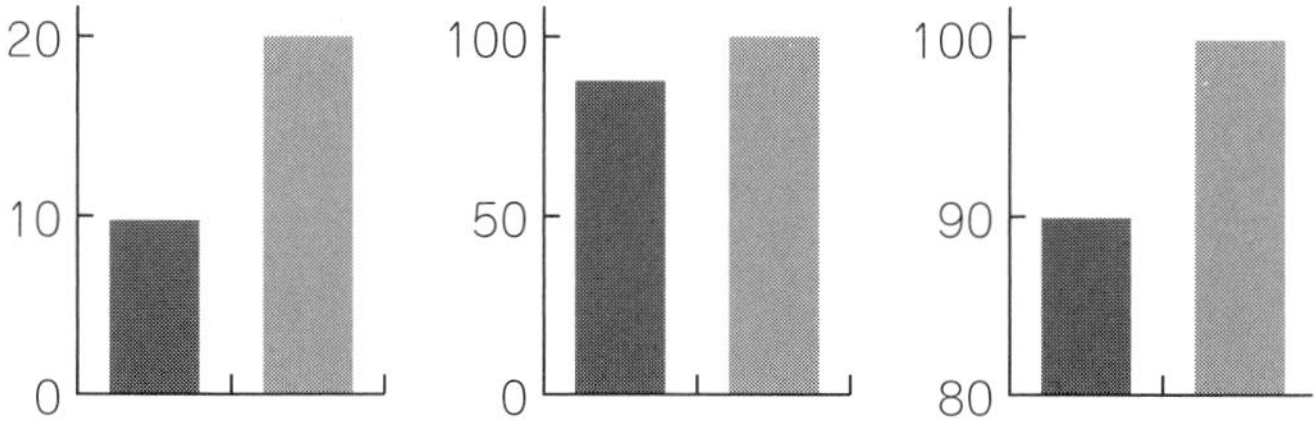

相対的な数値ではなくて絶対値を見る
そうしないと見せ方で
こんなに受け取るイメージが変わる

また、日常生活でも、多くの人がそうだと信じ込んでいても、それが正しいとは限らないのです。

「健全な」とつけてあることに注意してください。不健全な、あるいは、ゆがんだ好奇心で、何でもかんでも疑うというのはよくありません。そんなことをしてたら、きりがありませんし、おかしな奴だと周囲から相手にされなくなる危険性もあります。

加減が難しいところではありますが、ときには、他の人と少し違った考え方をするのが大事です。セント＝ジェルジ・アルベルト（1893―1986年）というハンガリー人科学者がいました。ビタミンCの発見でノーベル賞をもらっているのですが、エネルギー代謝と筋肉の収縮という別のふたつのテーマでもノーベル賞にあと一歩まで迫っていたすごい研究者です。研究者として大活躍しただけでなく、第二次世界大戦中にはスパイ活動をおこなってヒトラーを激怒させたことまであります。

セント＝ジェルジは、発見についての名言を残しています。それは、「発見とは、誰もが見てきたことをじっくりと見据えた上で、誰ひとりとして考えつかなかったことを考えてみることである」というものです。科学者としてはもちろんですが、毎日の生活でもこういうふうに心がけておくと意外な発見があって楽しくなりますからオススメです。

科学的な考え方3　できるだけ単純に考える

この「できるだけ単純に考える」が、科学的な思考法のいちばん優れたところかもしれません。ここでは「ものごとを単純な要素に分けて考える」と「オッカムの剃刀」のふたつに分けて説明していきます。なんやそのオッカムっちゅうのは、と思われるかもしれませんが、それは後ほど。まず前者からいきます。

研究に限らず、世の中のことはおおよそ複雑です。いや、少なくとも複雑そうに見えます。しかし、もっと細かく見てみるといくつもの要素に分けられることがほとんどです。なかにはそういうことができる人もいるかもしれませんが、人間の頭というのは、いくつものことをいっぺんに考えられるようにはできていません。だから、できるだけ小さく分けて、それぞれについてしっかり考えてみるのです。無人島に漂着したロビンソン・クルーソーも同じようなことをしていました。

毎日同じことを考えて悶々としていたロビンソン・クルーソーは、いまの境遇が最悪のものではない、自分を励まそうと、お金の貸借表のような、悪い点と良い点、あるいは、不運だったことと幸運だったことの表をこしらえます。

不運　恐ろしい無人島に流されて助けられる希望がまったくない。
幸運　しかし私は、他の仲間たちのように溺れずに生きている。

不運　私には衣服がない。
幸運　しかし、暖かいので、衣服がなくとも着なくて済ませられる。

など、6つの項目について書き出して、完全に惨めではなくて、よい面もあると結論づけるのです。ごちゃごちゃっと考えるのではなく要素に分けて考えることにより、初めてよく理解できる、あるいは、納得できるようになったわけです。

そんなの簡単だと思えるかもしれませんが、これが意外と難しい。研究を始めたての人など、複数のことを一気に考えようとして、わけがわからなくなることがしょっちゅうです。そうならないように、分けられることは分けて考えること。そして、そのひとつずつに重みをつけて判断すること。そうするだけで、さまざまなことがずいぶんとスッキリするはずです。もちろん、それぞれがごちゃごちゃにならないように、ロビンソン・クルーソーのように書き出してみたほうがわかりやすくなります。

もうひとつは「オッカムの剃刀」です。これは、ものごとはできるだけ単純に考えるべき、という教えです。言い換えると、ある事柄を説明する、あるいは解釈するときには、いちばん単純な理屈でいきましょうということです。え、それだと間違えてるかもしれないって？　それは気にしなくてもかまいません。

くり返しになりますが、極端な言い方をすれば、科学というのは、現時点において正しそうな仮説、にすぎないのです。それならば、とりあえずいちばん単純なやつにしておきましょう、ということです。どうしてかって？　だって、そのほうがわかりやすいやないですか。ごちゃごちゃ考えるのはムダです。

もし、その簡単な説明だとどうしてもおかしい、ということになったら、それはそのとき。もっと複雑な説明を取り入れればいいのです。逆に言うと、そういった柔軟性を持った上で、とりあえずはいちばんシンプルな考え方をしておきましょうということです。

イングランドのオッカムという村に住んでいたウィリアムという神学者によって14世紀に唱えられた、「必要以上の仮定をおくべきではない」という考えなので、オッカムの剃刀と呼ばれています。他にもいろいろなバージョンがあって、ニュートンは「現象を説明するのに正しくて十分な原因がわかれば、それ以上は考えなくてよい」と語っています。

アインシュタイン版は「何ごともできるだけ単純にすべきだ、ただし単純すぎないように」です。何ごとも過ぎたるは及ばざるがごとしというところまで入れられていて、含蓄に富んでおり、とってもええ感じです。

科学的な考え方4　合理的に考える

ものごとはすべからく合理的に考えるべきです。と書きながら、ふと、合理的ってどういう意味やろうと思ってしまいました。その程度の国語力でこんな本を書くな！　と言われそうですが、思ったのだから仕方ありません。まけといてください。

①道理や理屈にかなっているさま。②ものごとの進め方に無駄がなく能率的であるさま。広辞苑にはこうあります。思っていたとおりで安心しました。①は当然なのでおいとくとして、②について少し話します。

科学的に考える上で重要なプロセスは、まず仮説を立てて、つぎにそれに対する反証を考えて、最後にその反証を棄却することです。そうすることによって、ある仮説がどんどん強固になっていきます。大阪の漫才で言う「ひとりボケ突っ込み」に似ているかもしれません。自分の考えに「ちゃうやろ！」と突っ込むやつです。

研究している途中で思いついた反証を常に跳ね返せたらええんですが、必ずしもそうなるとは限りません。反証のほうが正しくて、それまで立てていた仮説が、トホホ、あきませんでした、となることだって十分にありえます。そういったときはどうするか。潔くそれまでの仮説を捨てて、新しい仮説を立て直す必要があります。あるいは、最悪の場合、その研究テーマは捨ててしまわなければならないかもしれません。

悲しいことです。しかし、たとえ自分の思いどおりにいかなくても、どうしようもないことがあったりするのは世の常です。そこは素直にあきらめて、他のテーマに切り替えていかねばならぬのです。

研究における仲野の第一法則というのがあります。それは「研究はやらなければ進まない」というものです。自分で言うのも何ですが、「研究はやれば進む」ではないのが含蓄のあるところです。やったところで失敗して進まないこともありますから、「やれば進む」は正しくない。だから、「研究はやらなければ進まない」です。思いどおりにいかなくて、あぁダメだと沈み込んでいても何もいいことはありません。まぁそんなこともあるわ、と気持ちを切り替えて先に進まねばならないのです。

え〜っ、難しすぎる、と思うかもしれません。しかし、それは、ふだんから気の持ちようが悪いからです。常に、「うまくいかない可能性がある」ということを頭の片隅において、そうなったときのためのプランBを考えておくことが必要です。

日本人は縁起を気にしすぎるのではないかと思うことがよくあります。ときどき病気についての講演をするのですが、そういったときに、がんになったらどうしようかということをふだんから考えておくことが大事です、というような内容の話をします。そうすると、「先生、そんなことを考えたら縁起が悪くないですか」という質問が出たりします。でも、考えてみてください、がんになったときのことをイメージしたとしても、体の中にがんが発生したりするはずはありません。それと同じことで、縁起が悪いことを考えても、そんなことが起きる率が高まったりはしないのです。

ある実験をするとします。もちろん、うまくいってほしい。なので、縁起を担いでうまくいかなかったときのことを考えない。でも、ダメだった。そこで落ち込みながらようやくつぎのことを考え始める。これがAさんです。もうひとりのBさんは、ある実験をしながらも、うまくいかなかったらどうするかを常に考えています。やはり実験がうまくいきませんでした。あ、残念。でも、そうなったときのことをすでに考えてあるので、すぐにつぎの実験にとりかかることができます。どうです、どちらが合理的、時間のムダが少なくて済むでしょう？

でも、もしうまくいったら、前もって考えていたことが無駄になるじゃないですか、と思うかもしれません。確かにそうです。でも、ええやないですか、実験がうまくいったんだから。そういうときは、考える時間が無駄になったけどまぁええわ、あはは、と笑い飛ばしておけばいいだけのことです。

時間を有効に使うことができる。単位時間内での研究の進み具合が速くなる。これが合理的に考えることの最大のメリットです。

科学的な考え方5　慎重かつ大胆に考える

誰にも考え違いはあります。もちろん、できるだけ避けたいことです。そのためには、慎重に考えることが大事です。でも、あまり慎重に考えすぎると、前に進まないし、えてして、考えが小さく縮こまってしまいがちです。それでは楽しくありません。

なので、ときにはうんとふくらませて考えたほうがよろしい。ただし、そんなときでも、論理がしっかりしている必要があります。でないと、単なる妄想になってしまいます。昔、ウイスキーの宣伝で映画監督の巨匠・黒澤明の「悪魔のように細心に、天使のように大胆に」というのがありましたが、そんな感じです。

どんどん飛躍して考えをふくらませる。それに対して反証を考えて、大丈夫かどうかを検証する。そうすると、あぁやっぱりふくらませすぎた、これはあかんと考えが小さくなっていく。また違った方向にふくらませて、というのをくり返すわけです。そうすると、鍛冶が刀を鍛えるがごとく、引き締まった考えができていきます。

科学的な考え方6　同じ興味を持っている人と話し合う

自分ひとりで考えることには限界があります。考えを深めるというのは、穴を掘り進めるようなもので、どんどん深くなっていき、そこから出られなくなってしまうようなことがあります。それに、自分では考え続けていると思っていても、同じところをぐるぐると回っているだけで少しも進んでいない、というのもありがちなことです。

そういったことを防ぐためには、まず、考えている内容を文章に書いてみることです。頭の中で十分に考えたと思っていても、文章にすると筋が通らない、論理的におかしい、ということが結構あります。

序章で紹介した山本義隆氏の言葉で言うと、「ものごとを自分の頭で考え、自分の言葉で自分の意見を表明」ということにあたります。ここまでできて、ようやく他人の頭を借りられるようになります。そうなればしめたものです。

自分の論理的な考えを他の人に聞いてもらい、それに対する意見をちょうだいすればいいのです。まったく興味がない人はそんなことをしてくれないでしょうから、同じような興味を持っている人とふだんから仲良くしておいて、話し合うのがいちばんです。これも研究に限らず、日常生活でも同じことです。

他人の頭を借りると言いましたが、決して教えてもらうということを意味するわけではありません。まず、自分の言葉で表明できるようになった段階で、自分の頭の中はかなりスッキリと整理されているはずです。ただ、自分の考え方というのは、無意識のうちに身についていて、なかなかにかわいいものです。なので、それを攻撃する反証を思いつきにくかったりします。しかし、岡目八目とはよく言ったもので、どうしてそんな当たり前のことを思いつかなかったのかというような反証をすぐに周囲から出してもらえることがあります。そこまでいかなくとも、何らかの関連した意見を言ってもらえるだけで、新しい着想を得て展開の開けることがよくあります。

日本人は、一般的にこういったディスカッションが苦手です。ぐうの音も出ないような反

表7　科学的に考えることの利点・欠点

ロビンソン・クルーソーのように比べてみました。

利点	欠点
考えがスッキリする	おもしろくない結論に陥りがち
決断が早くなる	時間をかけて考えたい人には不向き
うまくいかなくても納得しやすい	うまくいかないことがつきつけられる
説明して共感を得やすくなる	他人に批判されるようなのがイヤ
だまされにくくなる	時にはうまくだまされてみたいのに……

証をつきつけられたら不愉快がる人すらいます。でも、それは間違えています。自分の考えがたりなかったのですから、「4」で書いた合理的に考えるというスタンスからいくと、不機嫌になるなどもってのほか、あぁありがたいと感謝しないとあかんのです。

以上、はたしてメリットばかりなのか、科学的に考えることについて、ロビンソン・クルーソーみたいに考えてみました（上の表7）。どうです？

科学的に考えるという視点で書いてきましたが、日常生活においても、こういった考え方をするのは決して悪くなさそうでしょう。というより、かなり優れていると確信しています。

第三章

最低限のノウハウ2

論文とプレゼンの方法論

第三回授業

なぜ、レポートより論文を書くと伸びるのか

第三章では引き続きこのゼミの肝《きも》であるノウハウについて述べていきます。「論文の書き方」は、形式だけでなく、人を納得させる文章を書く際の基本のようなものです。なので、将来どのような方面に進もうが、絶対に役に立ちます。

シラバスでは「レポート」と書いていましたが、実際には「論文」のほうが正確です。最初からそう書いておけばよかったのですが、これも、いざ始める段になって思いついたことなので、仕方ありません。

まず、論文とレポートはどう違うのでしょう。広辞苑を見ると、論文は「①意見を述べて事理を説明する文。②学術研究の成果を書き記した文。」とあります。②は形式的なことを述べたものであって、大事なのは①のほうです。それに対してレポートは「①報告。報道。②報告書。学術研究報告書。」と、えらく素っ気ない記述です。大学で提出をよく求められるのはレポートですが、この説明だけで論文のほうがレポートよりも地位が高そうな気がします。

それはさておき、レポートは単なる報告であるのに対して、論文のほうは、意見を述べて説明するとあるように、意見を述べることが大切なのです。仲野ゼミの目的は単に文章が書けるようになることではなくて、その前提として、考え方や思考法を身につけてもらうことでもあります。ですから、提出物としては、レポートよりも論文と呼ぶにふさわしいものであるべきなのです。

もうひとつ、レポートというのは、お題を与えられて書くものですが、論文は、自分でおもしろいと思うテーマを選んで、調べごとをして書き始めるものです。なので、論文はレポートよりもっと自発的なものと言えるかもしれません。この点でも、仲野ゼミの目的はレポートよりはむしろ論文です。

レポートは、調べた内容とそれに対しての感想とかが主ですから、これといった形式はありません。それに対して、論文には形式というかお作法があります。まず、それについて説明しましょう。

論文の構成というのはほぼ決まっています。分野によって多少の違いはあるかもしれませんが、おおよそ6つの部分から成り立っていると考えていいでしょう（84～85ページ表8）。

結果＝データ＋ファクト

本から？　論文から？　ネットから？
できるだけ数字、それも、絶対値を用いる
１ヵ所のデータに頼りすぎない
常識的な考えを受け入れる
常識的な考えを疑う
ＫＪ法を使う（92ページ）

考察＝ロジック

小学校の高学年〜中学生でも理解できるロジックを
対論を併記して、どちらの立場をとるかを（できるだけ）明瞭にする
考えすぎない　⇒　オッカムの剃刀（73ページ）
批判する論にもリスペクトして、その理由を考える

材料と方法

理系の論文では、実験方法を記載
参考文献＝今回は、主なデータをどこから引用してきたか
論文の最後に、指定の字数以外として記載
誰にでも調べられるようなかたちで書く

表8　論文の構成

詳しい説明は86ページ〜にあります。

題名

簡潔、正確、魅力的に

長くなりすぎるようなら、サブタイトルをつける

要約

バックグラウンドの説明

どういうところが興味深いか　⇒　おもしろがらせる

結論を簡潔に

序論

この論文を、予備知識がない人にもわかるようにする

バックグラウンドの説明

どうしてこのトピックスがおもしろいのか

何が問題点なのか

何を考えていくか

論文作成6つの作法　構成がわかると思考も整理・深化

それでは、表8にそって説明していきましょう。

1．題名　まずは目を引くことが肝心

最初は「題名」です。ある意味、これがいちばん大事かもしれません。だって、題名が魅力的でなければ中味まで読み進めてもらえないのですから。かといって誇大広告になってはいけません。こんなタイトル羊頭狗肉やんかと、読んだ人をガッカリさせるのは最悪です。それから、ダラダラと長いのもいただけません。

したがって、簡潔、正確、魅力的、この三拍子がそろった題名にする必要があります。ただ、あまり短いとわかりにくいこともあるので、サブタイトルをつけて補うこともあります。私は、多くの場合そうしています。

ほとんどの人は、題名を見てその論文を読むかどうかを決めます。ごく大ざっぱに、科学論文の場合、題名を見てその論文を読もうと思う人はおよそ1割と言われています。そして最初に読むのは要約、アブストラクトです。そこまで読んだ人のうち本文まで読み進める人

は、さらにその1割くらいとされています。なので、要約も題名と同じく魅力的に書く必要があります。

2. 要約　簡潔かつおもしろく

「要約」には大まかなスタイルがあります。まずは、論文のバックグラウンドの説明です。遠景から近景に入っていく、と言えばわかってもらえるでしょうか。最初に大枠、その論文が大きくどういったことを取り扱うかを書きます。実際に論述するのは、通常かなり小さいテーマにならざるをえないのですが、その大枠の中でどういう位置づけにある論文なのかを説明するのです。

いちばん大事なのは、本文を読みたいと思わせることですから、その論文のどういったところが興味深いのか、をしっかりと書きます。ただし、単に「おもしろい」と、主観的におもしろがってもダメです。どうしておもしろいかを客観的に説明する必要があります。

そして最後に、論文全体の結論を書きます。以上まとめると、まずは大枠、つぎに、そのテーマのどこがおもしろいか、そして最後に結論で、「どや、こんな分野の話やねんけどおもろそうやろ。読まないと損やで！」と主張するのが要約です。

3. 序論 予備知識を与える

その論文の内容についての専門家には不要かもしれませんが、ほとんどの場合、専門外の読み手のほうがはるかに多いはずです。そういった人に予備知識を持ってもらう、というのが「序論」の目的です。何も知らなかった人であっても、序論に書いてあることが頭に入っていれば本論が理解できる。序論とは、そうなってもらうためのものです。

なので、まず大事なのは、バックグラウンドの説明です。バックグラウンドは要約にも書きますが、要約は非常に短いのがふつうです。ですから、どうしても説明不足になります。なので、序論では、もっと詳しく、その論文の背景を書いていきます。ここでも、巨視的から微視的という書き方、大枠からポイントへという書き方が有効です。

それをふまえて、どうしてその論文で取り扱うトピックスが大事なのか、おもしろいのか、というように話を進めていきます。そのために、そのテーマの何が問題点であるのかを説明します。そして、その問題点に対してどういう結論であるか、で締めます。

４．結果　正しいデータとファクトが最重要

なんのかんのと言いますが、何よりも大事なのは「結果」です。ドイツ留学中に、思わしくない実験結果が出て泣きそうになっているとき、よく「Result is result.（結果は結果）」と言われたのがトラウマのように蘇ります。「科学的な考え方」で書いたように、もとになる結果が誤っていた、あるいは、あいまいであったりしたら、それに立脚した考察はまったく意味のないものになってしまいます。これは強く肝に銘じておくべきです。

知の巨人とも称されることのある立命館アジア太平洋大学の出口治明学長は、ものごとを正しく決めるには、データ、ファクト（事実）、そしてロジック（論理）であると常に主張しておられます。ここで言うデータは数字で表されるナマの情報です。前の章で書いたように、絶対値が欲しいところです。ファクトは事実、数値に表すことのできないエビデンスと言えばいいでしょうか。このふたつをもとにして論理的に考えるのが重要である、ということです。

科学的研究のときは、自分で観察したり実験したりするのですが、このゼミではそういうわけにはいきません。では、データやファクトをどこからとってくるか。これについては、あとで詳しく述べることにします。

5. 考察

〈説得力の重要性〉

「考察」は、当然ながらデータに基づいておこないます。その方法については前章「科学的な考え方」に書いたとおりですが、ここでは、あといくつか付け加えていきます。「科学的に」というのは「論理的に」と読み替えてもらってもかまいません。

要素に分ける、できるだけ単純に、とかで考えるわけですが、何よりも重要なのは、シンプルなロジックです。くり返しになりますが、おおよその目標は、小学校の高学年から中学生くらいの賢いめの子どもに説明したらわかってもらえる、というところです。ときには高度な理屈をこねくり回さなければならないようなときもあります。しかし、そういった考察を読んでも、なんとなくだまされたような釈然としない気持ちが残ります。それはお前の頭が悪いからだと言われるかもしれませんが、実際にそうなんだから仕方ありません。

これもすでに書いたことですが、反証や対論をあげてみるのも大事です。あることについて、AとBという相反する考えがあって、どちらにも一理あるとしましょう。そして、あなたはAを支持したい。そういったときに、Aを補強するデータやファクトだけを出すのではなくて、同時に、Bにとって都合のいいデータやファクトも紹介します。

そのように対論を併記して、これこれこういう理由で、Aが正しいと考えられる、というように論を進めるのが正しいやり方ですし、そうするのが公正です。何とかして、Bを否定できたりしたら最高です。そして、すでにAを正しいと思っている人ではなく、むしろBを正しいと思っている人に、なるほど、考えを変えてもいいかしらんと思わせるような論考を進めたいところです。それができたら完璧です。

日本人は一般的に議論が下手だと言われています。意見が対立すると、あいつはあかん、とか、人格的な否定につながってしまいがちだからです。論理的に考えた結論が異なっているというのと、人柄や人間性とはまったく無関係ではないかもしれませんが、きちんと分けて考えるべきです。たとえば学会とかで、西欧人はけんか腰でディスカッションしても、それが終わったらケロッと仲良くしていることがよくあります。そういうのが、日本人は苦手なのです。これについてひとつおもしろいエピソードがあります。

友人が留学していたときの話です。ドイツ人であるボスとデータの解釈を巡って意見が対立しました。延々と議論が続きます。その友人、根負けして、まぁええわ、負けといたろと思って、意見を変えて、はいわかりました、あなたが正しいです、と言ったそうな。はいこれでおしまい、と思ったのに、豈図《あに》らんや。そのボス今度は、お前はどうして理由もなく意見を急に変えたのだと烈火のごとく怒り出したというのです。

なんとなくイメージがわかるでしょうか。対立する意見であってもおたがいに尊重し合うことが大事なのです。それこそが科学的なスタンスです。ましてや、意見が違うからといって、決してあいつはアホやとかいうレッテルを貼ってはいけません。私、時々してしまいますけど……。

エビデンス、すなわちそれぞれのデータやファクトの解釈が済んだとしましょう。つぎは、それらを組み合わせて考えていく必要があります。先に書いたように、人間の頭というのは、いくつものことをごちゃまぜにして考えるようにはできていません。そこでオススメするのが「ＫＪ法」です。

〈ＫＪ法を使いこなす〉

ＫＪ法というのは、文化人類学者の川喜田二郎（１９２０—２００９年）が、フィールドワークで集めた情報をどのようにまとめるかを試行錯誤して編み出した方法です。名前のイ

表９　KJ法

文化人類学者川喜田二郎氏（元東京工業大学教授）が考案した創造性開発（または創造的問題解決）の技法

1．ひとつのデータを一枚のカードに書く
2．近い印象のカード２～５枚ずつを集める
3．孤立するカードは無理に仲間にしない
4．ひと通りの組み合わせ方で満足しない
5．組み合わせたカードの内容を言語化する
6．「５」で作ったセンテンスの並べ方を考える

ニシャルをとってＫＪ法と名付けられています。単純なやり方なのですが、ものすごく有効な方法です。なにしろ、これを使えば、あまり考えることなく、半ば自動的に論理が編み出されていくようなものなのですから。

まずは、データやファクトを短いセンテンス（文章）にして、一枚のカード、名刺大のカードに書きます。そのとき、確実に言えることを書く必要があります。もし、データやファクトがあいまいだと、○○かもしれないけれども、××かもしれない、となってしまいます。そんなカードは意味をなしません。

つぎは、そのカードをトランプのように置いていきます。どのようにして置くかというと、関連性の強いものをくっつけて並べていくのです。そのときに大事なのは、いろいろな組み合わせを考えてみることです。ある特徴で似たものをくっつけて置いてみたり、あるいは、別の特徴で似たものをくっつけて置いてみたりします。このようにしてグループ化してみるということです。

ときには突飛な組み合わせを考えてみることも大事です。それから、注意しなければならないのは、えてして最初に作った組み合わせに引きずられてしまいがちということです。そうならないように、すでに考えた組み合わせにこだわらないようにする柔軟性が重要です。それほど時間はかからないので、なにしろいろいろやってみましょう。

いちばん大事なのは、いろいろな組み合わせを試行錯誤でやってみることです。一枚のカードに書いたセンテンスは、考え方の要素のようなものです。そのもともとあった要素から組み上げていくのですから、このやり方は、科学的な考え方で言った要素に分けて考える、というのを、逆方向に進めていく方法と言えるかもしれません。

やってみればわかりますが、あまり考えなくとも、自動的にカード同士が仲良くなっていってくれるような感じです。それに、試行錯誤でおこなうとはいうものの、それほど多くの組み合わせにはなりませんから、安心してください。

私のやっている研究分野だと、およそ20〜30個くらいのデータで論文を作成します。そのとき、２〜５枚のカードの塊を５〜８個くらい作ることになります。ときには、どこへも入れることができないカードが出てくるかもしれませんが、無理に他のグループに入れたりはしません。最終的に、その孤立カードの内容を使わないこともあるし、逆に、その孤立したカードと似た内容のデータをさらに集めて新しいグループを作ることもあります。

いろいろな組み合わせの中から、これでいこうと決めました。つぎは、そのカードのグループで結論として何を言えるか、これも短いセンテンスにします。そして、今度は、そうして考えたセンテンス、すなわちそれぞれのカードグループから引き出した結論を並び替えて、全体の骨格を導き出します。多くの場合、その骨格を文章化したものが「題名」、タイトルになります。どうです？　簡単そうでしょう。

くり返しますが、このやり方で何より大事なのは試行錯誤です。カードの意外な組み合わせが、思ってもいなかったひらめきをもたらすこともあります。データ、ファクト、ロジックの３つが重要と言いましたが、ロジックといっても難しいことはないのです。ＫＪ法を使えば、あまり考えることなく、さも単純作業をしているかのようにロジックが浮かび上がってくるのですから。

6. 方法　信頼度のあるデータのとり方

最後に「方法」です。一般的には、観察や実験のデータやファクトは自分で作り出すものですから、通常の論文ではそれらを作った方法を書きます。しかし、今回のゼミでの論文作成では、データとファクトをどこかからとってこなければなりません。さて、どうするか。

まず思い浮かぶのは、成書か論文です。「成書」と書いて「せいしょ」です。広辞苑には「書物が完成すること。また、できあがった書物」とあります。あまり使われる言葉ではないかもしれませんが、学術分野ではよく見かけます。きちんとした書物、特に教科書的な本のことを言います。

成書も論文も基本的には正しいと考えていいでしょう。まれには頭に「？」が浮かんでしまうようなこともありますが、一般的には内容も論理展開もしっかりしています。ただ、成書は、どうしても内容的に古いことが多いのが問題です。それに、ゼミの期間は、新型コロナウイルスのせいで図書館の利用もままなりませんでした。

資料として適切な論文があれば、それに越したことはありません。それなら、わざわざ出向かなくとも、大学図書館のＨＰで検索して、論文のＰＤＦファイルを取り寄せることができます。ただ、論文になると専門性が高くて、大学初年次の学生には歯が立たないという可能性が高いのが大きな壁です。

利便性で言うとネットからの情報です。いろいろ考えて、これに頼らざるをえないだろうと判断しました。ただ、問題になるのは、その信用度です。よく言われるように、ネットの情報はまさに玉石混交です。まずは疑ってかかる必要があります。その中からいかにして正しい情報を取り出すか。

それを判別するのは至難の業です。しかし、ひとつだけ、比較的簡単で信頼度の高いやり方があります。それは、データやファクトの出所です。調べる内容にもよりますが、ゼミのテーマは健康と医学です。そうなると、大学、病院、学会、それから、厚労省をはじめとする省庁のＨＰが頼りになるはずです。

新聞記事など大手マスコミの情報はおおよそ大丈夫と考えられますが、そのほとんどは、ナマの一次情報に基づいた二次情報でしかありません。なので、まずマスコミ情報で見つけ出すのはいいのですが、できるだけその出所、すなわち一次情報も確認すべき、ということになります。

レポートの作成ではウィキペディアを利用する人も多いでしょう。ウィキペディアは、みんなで書き込みながら作るというその成り立ちから、必ずしも正しい情報が書かれているとは限りません。ただ、英語のウィキペディアの信用度は相当に高いとする研究があります。それに、英語版ウィキペディアを見ればわかりますが、参考文献、それこそ成書や論文、がたくさんついています。つまりもし怪しいと思えば、いつでも一次情報にあたることができるようになっています。

信憑性を担保するために、データをどこからとってきたのかを明示すること。これも重要なことです。それさえあれば、他の人も元データを確認することができます。逆に言うと、それがないと、最悪の場合、嘘のデータを出されたってわかりません。

ネット情報の絞り込み方にもコツがあります。ネットで検索するときにはキーワード、それも、複数のキーワード——通常は2〜4個くらいでしょうか——で検索するのがふつうです。そのときに、少なくともひとつは、ピンポイントで、あまりたくさんヒットしないようなキーワードを入れておくと、目的とする情報がひっかかってくる確率が高まります。検索エンジンの性質から、さらに、キーワード検索のトップにその単語を入れておくとより効率的です。さきほど言ったように、医学関係の正しい情報を得たいときには、「大学」とか「病院」というキーワードを付け加えるのもオススメです。

もうひとつは、グーグルだと「すべて」ではなくて「画像」で検索するのも有効です。ケースバイケースですが、うまくいくとグラフがひっかかってきます。そうしたらしめたものです。グラフには、必ず数値データがついているのですから。

論文とプレゼンの違いを生かせているか

ごく簡単にではありますが、論文の成り立ちと、それぞれのセクションで何を書くか、を紹介しました。第四回の授業では、それぞれのテーマについてのプレゼンをおこなってもらうので、模範、というほどではありませんが、プレゼンの例を示しました。基本的には論文もプレゼンも同じですが、違いもあります。

論文とプレゼンの根本的な違いは、論文は読み直すことが可能だけれど、プレゼンはスーッと流れていくということです。このことをまず理解しておいてもらうと、以下の説明がすんなりと頭に入ってくるはずです。

ちょっと横道にそれますが、ひとつ前のようなこれから書くことについての簡単な説明のパラグラフを入れておくと、内容を理解してもらいやすくなります。全体をイメージしてもらいやすくなるからです。なくてもかまわないのですが、あったほうが親切です。図形の問題を考えるときの補助線のようなものと言えばいいでしょうか。意外かもしれませんが、わかりやすい文章を書くコツは文章力ではなくて、このような親切心なのです。では、もどります。

まず、わかりやすさは、論文よりもプレゼンにおいてさらに重要です。プレゼンを聞いていて、一度わからなくなると、そこからあとが理解できなくなってしまうことがあります。論文だと、あれ？　わからん、と思っても、それより前の部分を読み直すことができますが、プレゼンを聞いているときはそんなことできません。ですから、プレゼンでは、何よりも、聴き手を迷子にしてはいけない、ロストさせたらダメということに注意を払う必要があります。そのためには、流れをしっかりと組み立てて、順序よくサクサクと頭に入っていくようにしなければなりません。

話し言葉と書き言葉の違いという面もあります。話しているのを聞いていると、少しくらい論理があいまいでも、勢いでなんとなく理解させられてしまうことがよくあります。そのときにはなるほどと思っても、あとでよく考えたらちょっとおかしいやんか、ということが時々あるでしょう。それと同じです。論文だと、少しでもおかしいと思ったら、読み返してきちんと吟味されるので、そういうごまかしは利きません。

それと表裏ですが、プレゼンでは、わかりやすさのために、ある程度の厳密性を犠牲にすることがあります。細かいことを言いすぎると、かえってわかりにくくなってしまうのは世の常です。なので、あえて詳細とか例外的なことには触れずにおくというテクニックです。結果として、プレゼンのほうが論文よりあいまいになりがちかもしれません。もちろん、あいまいといっても程度問題ではありますが。

だから、正確さという点では、プレゼンよりも論文が明らかに勝ります。というより、勝らなければならないのです。また、研究の場合は、ある程度まとまったら、まず学会でプレゼンをします。そこで、自分の考えを自分の言葉で語って、他の人の意見をもらいます。そして論文作成という段取りになるのがふつうです。

ここに書いたのはあくまでも私の考えで、なかには、プレゼンでも厳密さと正しさが何より大事とおっしゃる先生もおられるでしょう。しかし、わかってもらってこそのプレゼンです。厳密性を重視しすぎて理解できないプレゼンがいいと思うか、少しあいまいでもよくわかるプレゼンがいいと思うか。人それぞれでしょうけれど、私は絶対に後者をとります。

研究者として３人の師匠についたのですが、ひとり目の師匠、北村幸彦先生の教えが頭にこびりついています。自分では自分の研究がおもしろくてたまらないかもしれないけれど、ほとんどの他人にとってはどうでもいいことなので、プレゼンを聞いたところで何も覚えてもらえないのがふつうと考えるべきである。だから、シンプルにプレゼンをして、大事なことを最低3回はくり返すこと。なるほど確かにそうだと思いますし、ずっとこの教えにしたがってやってきました。いい日本語の訳がないのですが、そのような必ず覚えてほしいメッセージを英語では「Take home message」という言い方をします。ほとんどのことは忘れるだろうけれど、大事なことだけは家まで覚えて帰ってね、というところでしょうか。なんだかかわいらしくて、とても好きな言葉です。

ついでにもうひとつ北村先生の教えを紹介しておきます。誰も基本的には興味がないのだから、学会などで決められた時間を延長して話すのはもってのほか、ほとんどの人にとっては迷惑にすぎないというものです。これも厳しく仕込まれたので、いまだに、学会などでプレゼンをするときは持ち時間が気になってしかたがなくて、しょっちゅう時計を見てしまいます。三つ子の魂百まで、いうやつですかね。

仲野徹の模擬プレゼン「どちらが大きい？ タバコとアルコールの害」

では、模範プレゼンというか、模擬プレゼンというかの始まりです。タイトルスライドが

表10-1　仲野 徹の模擬プレゼン

「学問への扉」
健康と医学について考えよう

喫煙者の権利は認められているか？
タバコとアルコールの比較から

大阪大学生命機能研究科
医学系研究科　病理学
仲野 徹

1枚、イントロダクションが1枚、結果が2枚、考察が1枚の計5枚で、およそ5分程度のプレゼンです。ほんとうにしゃべり口調で書いてみました。大阪弁のアクセントで読んでみてもらえたら完璧ですが、そこまで無理は言いません。「結果」のところのデータやファクトは、すべてネット検索で調べたものです。では、いきます。

　大阪大学の仲野です、よろしくお願いします。今回は「喫煙者の権利は認められているか？」というタイトルでお話しします（上の表10－1）。

　非常に大きなテーマなので、特に「タバコとアルコールの比較」という観点から論じて

表10-2　仲野 徹の模擬プレゼン

序論　バックグラウンドと興味

・タバコは嫌い
・タバコには冷たい
・喫煙・非飲酒者からのクレーム
・禁煙は厳しすぎないか
・飲酒者に甘すぎないか
・そこで比較してみることに

みたいと思います。まず、どうしてこのようなことについて調べてみようと思ったか、から説明いたします。つぎのスライドへ（上の表10－2）。

ひとことで言うと、タバコは嫌いだけれど、アルコールが大好き、ということにつきます。なので、アルコールには優しくて、タバコには冷たいのです。少し言い訳をすると、これは私に限ったことではなくて、社会全体がそうなっているように思います。禁煙を勧める記事を見ることはよくありますが、断酒はそんなことありません。せいぜい、飲み過ぎに注意しましょうという程度です。

一般の方向けに病気についての本を出したことがあるのですが、そこでも、タバコの害

表10-3 仲野 徹の模擬プレゼン

結果1 喫煙率と禁煙運動

喫煙率とアルコール消費の変化 （厚労省、国税局のデータ）

	平成元年	平成15年	平成30年
喫煙率 男	55.3%	46.8%	29.0%
喫煙率 女	9.4%	11.3%	8.1%
1人あたりアルコール年間消費量	95.7L	89.7L	*80.9L

*は平成28年度

禁煙運動の推移 （JT）

平成12年 タバコからのあらゆる保護対策の開始
平成15年 健康増進法において受動喫煙の防止措置を講ずるように
平成17年 タバコのパッケージに注意喚起表示義務
令和 2年 飲食店は原則屋内禁煙

を長々と説いて「禁煙するにははばかることなかれ」と結論しました。それを読んだ、お酒を飲まない喫煙者の知人から、あんたはアルコールに甘いくせにタバコに厳しすぎるとクレームをつけられました。確かに言われたらそんな気がしないでもありません。では、実際にはどうなのかということで調べてみたわけです。

まず、喫煙とアルコール消費についてのデータを検索してみました（上の表10－3）。喫煙率は厚労省の、アルコール消費量は国税局のデータです。日本国は、タバコについては健康を気にしていて厚労省、アルコールについてはお金を気にして国税庁ということですかね、ようわかりませんけど。

平成時代のデータによると、喫煙率、女性はあまり変化ありませんが、男性については、約半分に減っています。それに対して、一人あたりの酒類消費量はほぼ横ばいです。

喫煙率の減少は禁煙運動だけが理由ではないかもしれませんが、大いに関係あることは間違いないでしょう。その下に示してある禁煙運動の推移というファクトを見てみると、平成のあいだに、どんどん厳しくなってきていることがわかります。つぎのスライドで少しお話ししますが、受動喫煙がかなり問題視されていて、平成15年には防止措置が法律で決められ、令和2年からは飲食店での屋内喫煙は原則禁止になっています。

では、喫煙と飲酒の健康被害にはどのようなものがあるのでしょう（107ページ表10－4）。喫煙には心筋梗塞や動脈硬化のような心血管疾患、肺がん、その他のがんなどがあります。それに対して飲酒には肝臓疾患やがん、アルコール依存症などがあげられています。いずれも個人のレベルでは、喫煙量や飲酒量に関係するので、正確な数字はわかりませんが、甲乙じゃなくて丙丁つけがたく悪いような気がします。

少しおもしろいと思ったのは、受動喫煙の問題です。どの程度のリスクがあると思われるでしょう？　ここに書いたように、肺がん、心筋梗塞などの虚血性心疾患、脳卒中、いずれ

表10-4　仲野 徹の模擬プレゼン

結果2　喫煙と飲酒の比較

喫煙と飲酒の健康被害
喫煙：心血管疾患、肺がん（4～5倍）、その他のがん、etc
飲酒：肝臓疾患、がん、アルコール依存、etc

受動喫煙の問題　（厚労省 e-ヘルスネット）
肺がんのリスクは1.28倍、虚血性心疾患のリスクは1.3倍、
脳卒中のリスクは1.24倍、年間約1万5000人が死亡

喫煙と飲酒による社会的損失
喫煙（厚労省研究班）　合計2兆500億円（2015年）
喫煙者の医療費　1兆2600億円
受動喫煙による医療費　3300億円
医療費以外（介護費用、喫煙が原因の火災etc）　3600億円
飲酒（厚労研究班）　合計4兆1500億円（2008年度）
病気やケガの治療費　1兆226億円
雇用損失　3兆947億円 !!!
その他（自動車事故、犯罪etc）　283億円

もリスクが1・2～1・3倍です。この数字をどう捉えるかは人それぞれだとは思いますが、意外と低いという印象を持ってしまいました。念のために言っておきますが、ＪＴ（日本たばこ産業）の回し者ではありません。それでも、絶対数で言うと年間1万5000人もが受動喫煙で亡くなられているというのですから、かなりの数です。

その下にあるのが、喫煙と飲酒による社会的損失です。調べられた年度が違って、飲酒のデータが少し古いのですが、酒類の消費量はそれほど大きく変化していないので、両者の比較は可能でしょう。いずれも厚労省の研究班、ですから、大学の先生らが調べられた結果なので、信頼性は高いはずです。

まずは喫煙。２兆５００億円と算出されていますから、ものすごい金額です。うち半分が喫煙者の医療費です。受動喫煙による医療費がその４分の１もあるとされていますから、やはり馬鹿になりません。喫煙が原因の火災まで損失に計上されているのには、感心するというか、ちょっとうけてしまいました。

それに対して、飲酒は４兆１５００億円。喫煙よりもはるかに高い金額です。病気やケガの治療費が喫煙者の医療費と同じくらいというのがすごいです。病気だけじゃなくて、わざわざケガも書いてあって、お酒を飲んで転んだりしたときのことが思い起こされて泣けてきます。驚くべきは、雇用損失がその３倍もあること。なるほど、こういうのも計算されてるんですね。これも、二日酔いで仕事が手につかなかった日のことなどが思い出されてもっと泣けてきます。

冗談はいいとして、って、半分本気ですけど、雇用損失をどう考えるかにもよりますが、このように喫煙による損失より飲酒による損失のほうが大きいという驚くべき研究結果があるわけです。それから、飲酒では自動車事故や犯罪などによる損失が３００億円近くもあることにもビックリです。こういったことをふまえて考察、最後のスライド（１０９ページ表10－5）に入ります。

表10-5　仲野 徹の模擬プレゼン

考察　アルコールに甘くタバコに厳しすぎる

喫煙と飲酒の周囲への悪影響　：　あまり変わらない？

酩酊者による周囲への影響は思っていたよりも大きい
必ずしも喫煙のほうが大きいとは言えないのではないか
受動喫煙、副流煙の程度の問題

禁酒法は可能か　：　おそらく不可能

日本はヨッパライに対して寛容
飲酒習慣と社会生活の密接な関係
過去、試みられた国ではことごとく失敗

どうするべきか

アルコールに比べるとタバコに対する姿勢は厳しすぎないか
禁酒は無理でも（←個人的見解）、節酒のススメが必要ではないか

　ちょっと強引な比較になるかもしれませんが、少なくとも金銭的なデータを見る限りでは、必ずしも喫煙のほうが損失が大きいとは言えないでしょう。って、金額的には飲酒のほうが2倍近くもあるのに、「必ずしも」と言ってしまうのが、すでに飲酒擁護の姿勢になってしまっているかもしれません。あきません。

　受動喫煙や副流煙の問題は当然として、酩酊者による周囲への迷惑もけっこう大きそうです。タバコのほうが敵視されがちですが、公平に見たら、アルコールも同じくらいかという気がします。

　禁煙が強く叫ばれていて、パブリックな場所では喫煙がかなり制限されています。タバ

コと同じように禁酒が可能かどうか、ということを考えてみました。残念ながら、というか、喜ばしいことに、というか、かなり難しそうです。

極端なことを考えてみるというのは、思考実験として有効なやり方です。もしアルコールというものが知られていなくて、21世紀になって発明されたとします。飲用すると楽しくなるけれど、暴れて迷惑をかける人がいる。さらには依存症になるケースもある。どう考えても覚醒剤と似たようなものです。にもかかわらず広く受け入れられているのは、大昔から酒が飲まれていたことと、飲酒が社会生活と密接に関係しているからです。

それに、過去、禁酒法が試みられたケースがいくつもありますが、ことごとく失敗しています。イスラム教のようにアルコールを宗教的に禁じれば別かもしれませんが、ほぼ不可能と考えてもいいのではないでしょうか。

で、最後の考察です。いろいろ考えてみますと、極めて遺憾ながら、世間様はどうもアルコールに比べるとタバコに厳しすぎるような気がします。禁酒は無理としても、ここは声を大にしてくり返しますが、禁酒は無理としても、もっと積極的に節酒を勧めるべき、というのが最終的な結論です。

以上、ご静聴、ありがとうございました。

ざっとこんな感じです。楽しんでもらえましたでしょうか。自分で言うのもなんですが、「立て板に水」っちゅう感じしませんか？　スライドのつなぎとか、トピックスの移り変わりのところでいろいろと工夫してあります。また、退屈させないように、しょうもない話やおもしろい話も織り込んでいます。もちろん、そんなことは論文では書けません。それから、論文では主観的なことは可能な限り排除するのですが、プレゼンでは必ずしもそうではありません。だって、生身の人間が話しているんですから。こういったところもプレゼンと論文の大きな違いかもしれません。

二章にわたりましたが、これで第三回の授業は終わりです。えらく長くなりましたが、総論的な指導はこの回だけでしたから、こんなもんでしょう。ただ、実際の授業内容はもう少しシンプルで、執筆にあたり、授業の他の機会に話した内容などを補足したことを申し添えておきます。いくらおしゃべりでも、90分の授業でこんなにたくさんは話せませんわ。

さて、つぎの章からは、いよいよみんなの個々のプレゼン、論文、そしてグループでのプレゼン、論文を紹介していきます。ここまでが理論編とすると、ここからは実践編。さて、どんな論文が提出され、どんな指導を受けて、どのようによくなっていったでしょう。

第四章

実践編 初めての個人論文

欠点を見つける秘訣

第四回〜第六回授業

第一回のプレゼンと論文の進め方

さて、いよいよ学生たちのプレゼンと論文の紹介です。はたしてどんなプレゼンをしてくれるのか、どんな論文を書いてくるのか、けっこうドキドキしました。あまりに出来が悪かったら困るし、初めから完璧だったら指導のしがいがありません。最初はそこそこで、指導したらむっちゃよくなった、が、あらまほしいところです。

シラバスでは20名を募集のところ14名しか希望がなかった、という話を書きました。実際にやってみてわかったことは、これでよかったということです。負け惜しみではありません。プレゼンの時間とかを考えると、14～15名が限界です。1回の授業に収めるとすると、90分を目一杯使ったとしても、15名で一人あたり6分しかありません。そんなもん、初めからわかってたことやろと言われそうですが、シラバス執筆時にはまったく考えてませんでした。あきませんわなぁ、それでは。大反省です。

そこから逆算して、第1ラウンドの一回目のプレゼンは持ち時間を4～5分にしました。残りの時間はディスカッションと指導です。これは覚えておいたほうがいいのですが、スライド1枚あたりに話す時間の目安はおよそ1分です。それを超えると冗長な感じがするし、

表11　第1ラウンドの授業内容

1	概要のプレゼン
2	第一回論文の提出　⇒　精読
3	論文への質問、感想、提案
4	プレゼン+ディスカッション　part 1
5	プレゼン+ディスカッション　part 2
6	最終論文の提出

あまりに短すぎると聞く人がスライドの内容を消化できる前につぎのスライドに移ってしまいます。なので、パワーポイントのスライドは、タイトルのスライドを除いて5枚以内としました。

プレゼンと論文の書き方を指導したつぎの週に発表でしたから、準備時間はあまりありません（上の表11）。不完全でもいいから、おおよそのストーリー立てをとりあえず紹介してもらって、方向づけを指導しようという考えです。

第一回の論文提出はプレゼンのつぎの週です。かなりスケジュールが厳しいので、プレゼンの準備をしながら論文を書き始めるように指導しました。長さは、概要と参考資料リストを除いて2000〜4000字で、序論：結論：考察をおよそ1：2：1くらいの割合に。それから、概要を400字以内で。

論文提出の週の授業では、みんなに他の人の論文を読んでもらいました。もちろん私も読んで、全体に対する指導をおこないました。多くの人に共通して直してほしいところがけっこうあったからです。それについては後述します。授業時間内には読み切れないので、つぎの週までに全員の分を読んできてもらうのを宿題にして、次回、全員でディスカッションです。

そうやって、他のメンバーのお知恵を拝借して、いよいよ最終プレゼン、そして最終論文を提出してもらう、という段取りです。

この流れにそって順に説明していきます。とはいうものの、模擬プレゼンは書いてみましたが、プレゼンを文字で紹介するのは非常に難しいということがわかりました。学生たちのプレゼンの録音から文字おこしをしてみたのですが、どうにも冴えません。なので、それは割愛して、論文だけを紹介することにします。

できれば、全員の分を紹介したいところですが、ページ数の都合でそういうわけにもいきません。2名限定にして、「エナジードリンクの利用」の山﨑彩可さんと、「スマホ依存」の山口孝太君を選びました。みなさん力作だったので、誰のでもよかったのですが、えいやっと独断で決めたというところです。

プレゼンの聞き方、論文の読み方、批判的に考えるコツ

その前に、プレゼンの聞き方、論文の読み方について、少し説明しておきます。両者に共通したところでいくと、まずは、鵜呑みにしないということ。言い換えると、批判的に聞く、あるいは、読むということです。常に、この人の言っていること、書いていることは本当かなとちょっと疑うということです。クビを縦に振りながらではなくて、かといって否定的に横に振るわけでもない。かしげながら、といったところでしょうか。同時に、自分だとどう考えるか、を常に意識することです。

プレゼンを聞くときの秘訣は、もう少し推し進めて、常に質問を考えながら聞く、ということです。学会でもなんでも、プレゼンは多くの場合、終わってから質疑応答の時間があります。そのときに何か尋ねるつもりで、質問を考えながら聞くのがベストです。そうやって考えていると、思いついた質問そのものが、つぎのスライドで説明されることがあります。そんな場合は、プレゼンしている人の考えと自分の考えが一致しているのですから、グルー

ブ感が味わえて最高です。

最後まで聞き終わって疑問が残ったままだったら、遠慮せずに質問することです。こんなことを聞いたら笑われるかも、とかは決して思わないこと。勘違い質問をすることもあります。そういうときは、演者が勘違いを、たぶん優しく正してくれるはずです。自分が間違えてたとわかったら、スミマセン、勘違いしてました、とさわやかに述べて、ニコッと微笑んでおきましょう。それでいいのです。そこで質問しなかったら、ずっと勘違いしたままです。「聞くは一時の恥、聞かぬは一生の恥」とはよく言ったものです。

論文を読むのもほぼ同じです。データを見ながら、どういった議論が展開されるかを自分の頭で考えながら読むこと。ただし、プレゼンと違って、論文は質問に応えてくれません。逆の立場から言うと、論文の場合は、質問を受けることができません。なので、論文を書くときは、論理を十分に練って書く必要があるわけです。

場合にもよりますが、読み物をしていてどうしてもわからないことがあれば、著者にメールなどで尋ねてみるのもいいでしょう。たとえ返事がこなかったとしても、何も失うものはありません。もらえたりしたら、もうけものくらいの気持ちで聞いてみたらいいのです。

いずれにしても、批判的思考、クリティカルシンキングをおこなうということです。本を読むときは批判的読書、クリティカルリーディングです。クリティカルリーディングはクリティカルシンキングの一部と考えていいでしょう。このふたつは極めて重要な技術です。これからの世の中、データはますますあふれかえってくるはずですし、覚えていなくてもすぐに検索できる。いわば、外付けが可能になっていきます。そういった時代に必要なのは、記憶ではなくて、どう考えるかといった方法論です。それには、ロジカルシンキングとクリティカルシンキングしかありません。これは、「科学的な考え方」で書いたとおりです。

ロジカルシンキングはクリティカルシンキングの自己完結版と言えるかもしれません。ロジカルシンキングは、自分で組み立てた考えを、自分自身で吟味して研ぎ澄ましていく必要があります。それに対して、クリティカルシンキングは、いわば、すでにデータがあって誰かが組み立ててくれたことに対していちゃもんをつけるようなものなので、こちらのほうが少し簡単です。何といっても自分で自分を批判するより、他人の考えを批判するほうが心理的にやりやすいのは人間の性ですからね。

個人論文第一回　質問を考えながら読んでみよう

これから紹介するふたりの論文を、私ならこう考える、あるいは、ここが物足りない、など、クリティカルに読んでみてください。それぞれに、複数の質問をぶつけよう、ではなくて、ぶつけなければならない、という気持ちで読むといいでしょう。「科学的な考え方」の最後に、他の人の脳みそを借りるということの重要性を書きました。そうしてもらうためには、他の人に脳みそを貸してあげる、という姿勢も大切なのです。

ここまでに書いたことは、プレゼンや論文についての質疑応答を聞きながら、ゼミ生たちに適宜指導した内容です。実際の授業では、すべての論文に対して必ず2～3個の質問あるいはコメントができるようにということを課して読んでもらいました。そして、授業でそれをぶつけてもらいました。

前置きが少し長くなりましたが、論文の紹介に入ります。どちらの論文も参考文献をつけてくれていましたが、書き直したあとの第二回論文と重複しますので、ここでは省略してあります。

まずは、山﨑彩可さんのエナジードリンクについて。続いて山口孝太君のスマホ依存です。どうぞ！

〈個人論文第一回　学問への扉　健康と医学について考えよう〉

エナジードリンクの利用はいいことか

工学部応用自然科学科　山崎彩可

概要 受験期にある友人がエナジードリンクを飲んでいた。友人いわくエナジードリンクを飲んだ日はとても勉強に集中できるらしい。最近では小学生までもがエナジードリンクを飲んでいるようだ。エナジードリンクは現代の忙しい若者たちの強い味方となりつつある。しかし、エナジードリンクに危険性はないのだろうか。考えてみてほしい。リスクなしに元気が手に入るというのは少し話がうますぎるのではないか。結論から言うとエナジードリンクの常用や過剰摂取は危険である。もちろん話がうますぎるからといった、非科学的な理由からではない。これから、エナジードリンクの成分から効果と危険性について考えていく。そして、エナジードリンクの利用の是非について考えていきたいと思う。

序論 受験期にエナジードリンクを飲んでいた友人が私に言った。「エナジードリンク1

本、200円で一日の集中力が買えるって安くない?」そのとおりだと思った。当時の私は、買ってでも集中力が欲しかったのだ。だが、私がエナジードリンクの力を頼ることはなかった。怖かったからだ。私にはエナジードリンクは危険なものであるように思われた。しかし、エナジードリンクの利用には興味がある。危険性がないのであれば利用したい。そこでエナジードリンクの効果と危険性を考えながら、利用するかどうか判断しようと思ったのだ。

ここでエナジードリンクと栄養ドリンクの区別をしておく。そもそも両者は分類上異なっている。栄養ドリンクが「医薬品」または「医薬部外品」であるのに対し、エナジードリンクは、ふつうのジュースと同じ「清涼飲料水」に分類される。そのためエナジードリンクは、栄養ドリンクとは違い、成分の配合量の記載の義務はなく、効能や効果の記載は不可能である。

私たちの世代にとっては、エナジードリンクのほうがより身近にあり、よりなじみが深い。そこで、エナジードリンクに絞って議論していこうと思う。

結果 エナジードリンクによって元気になる理由として、カフェインと糖質があげられる。

それぞれについて考える。

1 カフェイン

エナジードリンクにはカフェインが大量に含まれている。125ページの表1を見ると、コーヒーよりも多くのカフェインが含まれていることがわかる。カフェインには覚醒作用、利尿効果、基礎代謝の促進、集中力の向上、自律神経の働きを高める、といった優れた効果がある。エナジードリンクによって元気が出たと感じるのは、カフェインの作用によるものが大きい。しかし、ここで注意しなければならないのは、「元気になった」というのは、あくまで錯覚であるということである。

カフェインはアデノシンという神経抑制物質と構造が似ている。カフェインがアデノシン受容体にとりつきアデノシンの働きを阻害することで神経を興奮させる。神経が興奮することで疲労を感じなくなる。これによって元気になったような錯覚が起こる。

カフェインによる害は、不眠、興奮だけでなく、めまい、不安、下痢や吐き気などもあげられる。また、カフェインの過剰摂取は危険だとされており、カフェイン摂取量の目安が設定されている国もある。125ページの表2では各国の健康な大人の一日あたりの摂取量目安を示した。子どもや妊婦に対して別に基準が設けられている国もある。子どもはカフェインに敏感であり、妊婦による過剰摂取は胎児への影響が懸念されるからだ。

2 糖質

エナジードリンクには、糖質もたくさん含まれている。モンスターエナジーでは1本に46・2g、角砂糖に換算すると12・5個分の炭水化物が入っている（＊）。炭水化物はエネルギー源であり、特にブドウ糖は脳にとっての唯一のエネルギーである。そのため、糖質を補給することで脳のエネルギー補給となり集中力を高めることができる。

しかし、糖質のとりすぎは体に悪影響を及ぼす。糖質を摂取すると血液中のブドウ糖の量が急激に上昇する。通常はインスリンの分泌により2〜3時間でもとの血糖値に戻る。しかし、糖質のとりすぎや血糖値の急上昇などにより血糖値をうまく下げられないと、糖尿病をはじめとしたさまざまな健康トラブルの原因となる。

また、糖質過多な食生活を続けていると、糖質を少量とっただけでインスリンが大量に放出され、血糖値が低い状態が続くようになる。すると、脳へのブドウ糖供給が不安定になり自律神経が乱れる。その結果、疲労感、だるさ、集中力の低下などといった症状が現れ出

【論文 表1】エナジードリンクのカフェイン含有量

商品名	含有量(1本あたり)
モンスターエナジー (355ml)	142mg
レッドブル(355ml)	113.6mg
ボス贅沢微糖(185ml)	92.5mg

【論文 表2】カフェイン摂取量目安とエナジードリンク摂取本数

国	1日の摂取量目安	モンスター	レッドブル
アメリカ・ヨーロッパ・カナダ	400mgまで	2.82本	3.52本
オーストラリアニュージーランド	210mgまで	1.48本	1.85本

す。

WHOの指針では、一日の遊離糖類の摂取量を25g程度に抑えるなら健康増大が期待できるとしている。エナジードリンクに含まれる炭水化物46・2gのすべてが遊離糖類であるとすると、WHOの推奨値を大きく上回る量の糖質が含まれていることがわかる。

＊（1本あたり炭水化物が46・2g）÷（角砂糖1個3.7g）

考察 エナジードリンク1本に含まれるカフェインの含有量は、コーヒー1缶分よりも多いが、一日の摂取量目安と比較すると、1本で重大な健康被害を及ぼすほどではないことがわかる。しかし、エナジードリンクの他に、コーヒーなどのカフェインを多く含むものを飲むときは注意が必要である。

また、エナジードリンクの利用時には、元気の前借りをしていることを忘れてはならない。エナジードリンクによって、疲労が回復するわけではない。疲労感のみがなくなることで、疲れていることに気づけなくなり、無意識のうちに疲労が蓄積していくことは、エナジードリンクの危険性のひとつである。

カフェインだけでなく、糖質にも注意が必要だ。糖質はエネルギー源となり疲労時には重宝するが、とりすぎると健康に悪いのはもちろん、逆に疲労感のもととなってしまう。エナジードリンクには、大量の糖質が含まれている。エナジードリンクを飲む際には、そのことも十分理解して糖質の過剰摂取とならないように気をつけなければならない。

以上のことから、エナジードリンクの利用自体に問題はないものの、利用する際には注意が必要であることがわかる。特に常用や過剰摂取をしてはならない。エナジードリンクの利用は最小限にし、利用した日には食事や休息をふだんより意識することが大切だ。

私個人としては、バランスのよい食事と十分な休息を基本とし、エナジードリンクに頼らない生活を送りたいと思った。

スマホ依存はダメなのか

工学部応用自然科学科　山口孝太

概要　数年前スマートフォンが誕生し、急激に普及率が上昇し、小型でさまざまな機能が使える利便性から私たちの生活とスマートフォンは切り離せない関係となったと言える。これに伴って近年、「スマホ依存」と呼ばれる新たな依存症が問題視されている。2020年4月に香川県でネット・ゲーム依存症対策条例といったものまで施行されてしまうという次第である。しかし、私自身は多いときには一日8時間以上スマートフォンに触れていることがあるが、特に弊害を感じた記憶はない。そこで本当に世間で言われているほどスマホ依存はダメなことなのだろうかと思い調べることとした。結論として一般に言われるほど気にする必要はないが、スマホ依存はダメなことである。深夜の使用を控えさせるためにもある時刻以降の使用禁止はするべきであると考えた。

本文　私はスマートフォンを使うのが好きである。単純に友達とコミュニケーションがとれたり、動画が見れたり、ゲームをすることができ、楽しいからだ。このような考えを持つ若者は多いと思う。しかし楽しいことはやりすぎると悪いことがある、といった固定観念があるのではないかと思う。たとえばお酒の飲みすぎはよくないし、たばこの吸いすぎはよくないといった代表例から何から何までやりすぎるのはよくないと思い込んでしまっているだけではないだろうか。だから私はこのことについてもっと深く調べスマホ依存は本当にダメなことかあらためて決めようと思う。ネット上などでよく囁かれているスマホ依存の悪影響は大きく生活面と精神面に分けられる。そこで私は生活面についてはスマートフォンがなかった時代とスマートフォンが普及してからの、勉強時間や運動時間、睡眠時間とスマートフォンの使用時間の関係を調査することにした。また精神面についてはさまざまなスマートフォン使用についてのアンケート結果を調査する。今回はスマートフォンを持ち始める人が多く依存傾向の強いと思われる高校生を中心としたデータを取り上げて考察することとする。

スマートフォンの普及率は2010年が9・7%、2015年には72・0%、2018年が79・2%となっているため2010年以前と2015年以降のデータをもとにスマートフォンがあった時代とスマートフォンがなかった時代を比較することができる。まずは131ページの図1を見てほしい。これは総務省が調べた一日あたりのスマートフォンでのインターネット利用時間である。２０１６年においては10代や20代は約2時間利用していることが読みとれる。

つぎに10代を代表して高校生の勉強時間の増減を調べた。スマートフォンの利用時間という時間が生活に新しく組み込まれたため、勉強時間は減っていると予想するかもしれない。しかし実際は平日の勉強時間が1時間、1時間半、2時間、2時間半、という人の割合が増加しており3時間という人の減少割合も0・3%にすぎず全体としては明らかに増加しているという結果であった。つまりスマートフォンの使用が勉強時間に対して与える影響はないと言うことができる。つぎに運動・スポーツ実施率を調べた。スポーツ庁によると男子はほとんどの年齢において運動・スポーツ実施率が高くなったとしており、女子は中学生から40代まで運動・スポーツ実施率が下がっているとした。運動時間においては男女差があるもののスマートフォンが現れたことによる顕著な差は見てとれない。

つぎに睡眠時間について調べようとしたのだが最新のデータを見つけることができなかった。そこで日本経済新聞の記事を見つけた。文科省の調査に基づいた記事のため正確な情報である。「小中高生とも、携帯電話やスマートフォンを使ってメールやインターネットをする時間が長いと、登校前日の就寝時間が遅くなる傾向があった。1時間未満しか使わない小

【論文 図1】 モバイルからのインターネット利用時間

2012年と2016年との比較。平日1日あたり。

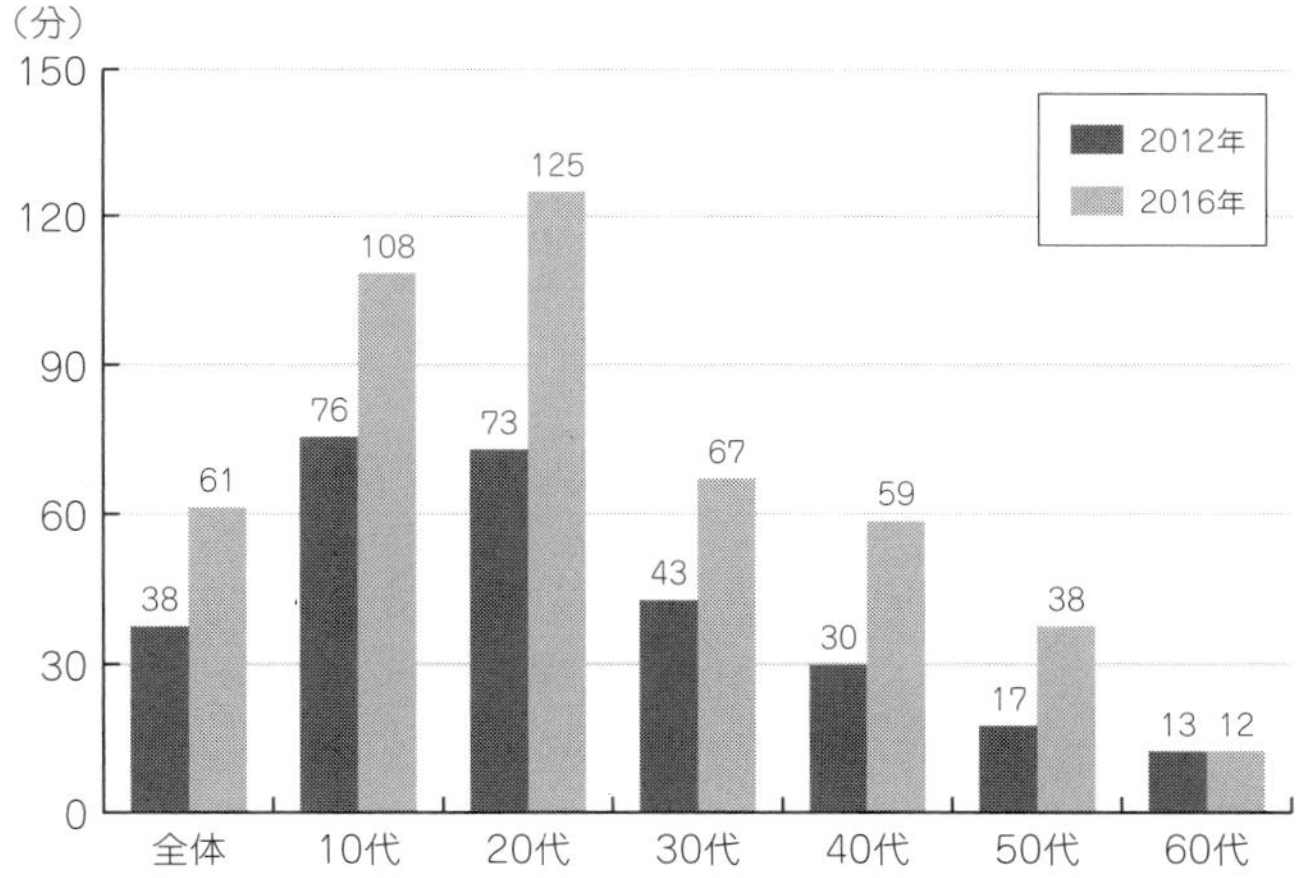

出典　総務省情報通信政策研究所
「情報通信メディアの利用時間と情報行動に関する調査」

学生は午前0時以降に就寝する割合が3・3%だったが、『2時間以上3時間未満』では17・1%と5倍以上の開きがあった」とされていた。つまりスマートフォンの使用が睡眠時間に悪影響を及ぼしていることを否定することはできない。

つぎに精神面への影響を考える。高校生のスマートフォン使用目的は、LINEやTwitterなどの「ソーシャルメディア関連」が100・5分、「動画投稿サイトを見る」が27・5分、「ゲームをする」が20・3分であった。スマホ依存はSNS依存と言えるほどソーシャルメディアを使用している時間がかなり長い。そこで私はSNSの使用について精神面へのよくない影響があるのではと疑問を持ち、ソーシャルメディア使用の際の悩みや負担についても調べたところ「書いたメッセージに反応がないこと」が15・9%、「メッセージの返信をすぐにしなければならないこと」が12・1%など多いとは言えないが一定数の人が悩みや負担を感じていることがわかった。こういった不安からも常にスマートフォンが気になり依存すると言える。

これまでのデータから、スマートフォンが現れたことで勉強や運動への影響は意外なことにほとんど見られないものの睡眠に関しては悪影響があると言える。また、スマートフォンによって学校外の時間においても常に他人とつながれるようになってしまったことから精神的な面でも悪影響があると言える。だからスマホ依存はダメなことであるという結論になる。しかし現在スマートフォンなくしてはやっていけない時代ではあるし便利な面も多くあるためスマートフォンを使うこと自体がダメだとは私は思わない。だから私はスマートフォンを使用してよい時刻を決めるべきだと考える。こうすることによって睡眠時間の確保は可能になり、さらには他人とつながっていないひとりの時間を作ることができるため精神的負担を軽減することもできる。高知県が出したネット・ゲーム依存症対策条例の評判はあまりネットではよくなかったように思えた。しかし高知県が提示した目安の中にはスマートフォンを使用していいのが中学生以下は21時まで、それ以外は22時までというものがあった。これまでの考察を踏まえると、この目安は現在のスマホ依存対策として合理的であると言える。私はスマホ依存の対策として、使用時間を制限するのではなく使用時刻を制限することが最も重要であると考えるため他の県でも検討してほしい。

みんなからのコメント——他人の頭を借りる

さて、どうでしょう。どちらもそこそこうまく書けています。けれど、物足りないところもあります。それぞれに、どんなコメントがあったかと、それに対する回答を紹介してみます。まずは山﨑さんのエナジードリンクについて。

コメント　カフェインはエナジードリンクとかコーヒー以外には含まれていないのですか。

回答　調べてなかったので調べてみます。

コメント　カフェインは他の飲料と比べられているけれど、糖質についてはそのデータがないのでわかりにくいように思います。

回答　やってみます。ありがとうございます。

コメント　カフェインと糖質以外に含まれているものが気になります。

回答　主な成分がそのふたつなので、それに集中しました。調べてみます。

——以上、３つとも、山﨑さんとは違った視点からの意見で、なかなかいいと思います。

コメント　集中力が上がるようなものは他にないのですか。

回答　集中力については見つからなかったけれど、疲労回復についてはいくつかあるようなので、つけ加えます。

——建設的な意見で、山﨑さんもすでに少し調べていたというのが、すごくいいです。内容としては、カフェインの量についての記述があいまいなところや、商品名が急に出てきたりするのが気になりました。

つぎは、山口君のスマホ依存について。

コメント　概要では香川県なのに、最後は高知県になってますが。これは間違いですか。

回答　間違えましたぁ、スミマセン。失礼しました（苦笑）。

——こういうのは意外と見過ごしてしまうことがあります。自慢じゃないですが、私もしょっちゅうやります。

コメント　結論で、時間を制限するのではなくて時刻を制限するというのは、理由が弱いように思います。

回答　データによると、運動時間と勉強時間には影響が少ないのに、睡眠時間に大きい。なのでそう書きました。

――これはすごくいいコメントです。このあたりの考察をふくらませて最終版にしてほしいですね。

コメント　スマートフォンがなかった時代には、時間が何に使われていたかがわかったらおもしろいのではないでしょうか。

回答　同じことが気になって調べました。たぶんテレビだと思います。

――著者と同じ疑問を持ったというコメントなので最高。クリティカルリーディングの醍醐味です。

こういったことを14名全員の論文についておこないました。むちゃくちゃ盛り上がったとは言いませんが、前もって最低でも2～3個ずつの質問を考えてくるように伝えてあったので、相当に建設的な質疑応答になりました。

特に気をつけたい「書き直しのポイント」

各論はここまでとして、14名分に目をとおして、気になったところをリストアップしてみます。説明はそのあとに。もちろんこれは学生にも伝えたものです。

●全体構成について
・概要をつけること　400字程度
・字数は十分です。長いのはまったく問題ありません
・概要、序論、データ、考察をきちんと分けること
・多くの人の考察が短すぎる

●題名について ⬇ できるだけキャッチーに
・いくつかの論文は出色でした。参考にしてください

●パラグラフ（段落）について ⬇ 文章作成の肝
・パラグラフ構成は非常に重要
・長すぎるパラグラフも短すぎるパラグラフもダメ
・パラグラフの冒頭に、そのパラグラフで何を述べるかのセンテンスを入れる

●概要 ⬇ これだけ読んでもらったら十分のつもりで
・全体をコンパクトにまとめること

●データ ⬇ 見せ方を工夫する
・必要ならば、いくつかのセクションに分ける
そのときは、セクションの頭に見出しをつけて見やすくする
・図、表を使うときは、図1、2……、表1、2……などと番号をつけて、本文中で

はそれを使って示す

●考察 ➡ 自分にも他人にもクリティカルに
・多くの人が短すぎる。自分でわかるのではなく、他人にわからせる書き方
・他の人の意見を参考に。他の人の参考になるように
・「なぜ」を3回くり返す

●文章 ➡「雨ニモマケズ」はダメ
・です・ます、だ・である、はオプショナル（一般的に、論文では、だ・である、です）
・「私」は使わない。主観的な書き方をしない
・長すぎる文章も短すぎる文章も避ける。でも、ここぞというときは、短い文章が効果的
・並列や対比を使うと効果的
・他人が書いた文章のように音読すること

●その他
・改訂論文は、145ページ表12のフォーマットで作成すること

●参考資料
・必ず記載のこと。ナンバリングして、本文中使用した箇所に（1）（2）といったように記す

おおよそ、項目を見ただけでわかると思いますが、特に気になったところ、大事なところを説明しておきます。

ひとつはパラグラフ構成、段落構成です。論文の場合、ひとつのパラグラフに詰め込むのはひとつの結論と考えるべきです。KJ法でいくと、一枚の紙に書いた文章がその結論で、それをふくらませたのがパラグラフというように捉えてもかまいません。

大事な文章をおく場所は、日本語ではあまり意識されない、あるいは、パラグラフの最後に持ってこられることが多いのですが、英語の場合は逆で、冒頭に書くことがふつうです。そうすると、あぁ、このパラグラフではこういうことが書かれるんだろうなと、まずは読者

に想像してもらってから読み進めてもらえます。そうしてあると、考えながら読んでもらいやすくなります。言ってみれば、先に書いた「親切」な書き方です。論理的な文章を書くときには、このことを常に頭に入れておく必要があります。

もうひとつ気になったのは、考察が短かったことです。どんな考察をするかが授業の主眼なのですから、それではあきません。「自分でわかるのではなく、他人にわからせる書き方」はけっこう難しかったりします。というのは、自分では十分に考えているので、つい説明が短くなりがちだからです。だらだらと長く書く必要はまったくありませんが、プレゼンと違って、論文では質問を受けつけられませんから、親切心を持って、ロジックを簡潔にして明瞭、そして丁寧に説明しておかなければなりません。

考察を長くするための方法論でベストなのは、「なぜ、を3回くり返す」です。ある結論の理由を書いたとします。当然、それは「なぜ」があったからです。1回目の「なぜ」です。つぎに、その理由についての「なぜ」を考えます。そして、それをもう一度くり返します。必ずできるわけではありませんが、これを意図的におこなうと、考えてもいなかった根本的な理由に思いいたったりすることがあります。

「雨ニモマケズ」はダメ、と書いてあるのは、もちろん宮澤賢治の詩についてです。文学作品としてはいいのですが、論文だと、ああいう書き方は最低です。

雨ニモマケズ　風ニモマケズ　　で始まって20行くらいあって

サウイフモノニ　私ハナリタイ　　と終わります。

最後まで読まないと何が言いたいかわからない。それも３００字を超える長文です。ちょっとふつうじゃないですよね。では、どうすればいいか。

サウイフモノニ　私ハナリタイ。と最初に書いて、読点で区切ります。そして、サウイフモノとは、で説明を始め、適宜文章を区切っていく、というのがわかりやすい文章です。文学として宮澤賢治が素晴らしいのは言うまでもありませんが、論文は文学ではないのです。わかりやすさが命です。

必ずしもそうある必要はないと言われることもありますが、論文ではできるだけ主観を排するのが基本です。ですから、「私は」という書き方はできるだけ避けるのが望ましいとされています。同じような意味で、「おもしろい」とか「信じられない」とかいった主観の入った言葉もよくないと言われています。一般的なお作法としては、それを守ったほうがいいでしょう。そういうふうにしておいて、ここぞというときに、「データは不足しているが私は〇〇と確信している」といったレトリックを使うと、あぁ、この人はこう考えているのだと印象づけることができたりします。

文章のグレードを上げる「音読」

文章を仕上げるときに強く勧めるのは音読です。ちいさいころは、絵本でも何でも声に出して読んでいたけれど、次第にしなくなっていきます。最大の理由は、音読は時間がかかりすぎるからです。しかし、文章を仕上げるときは違います。

唇を動かすだけでなく、本当に声に出して読んで、同時にそれを自分の耳で聞くのです。それも、あたかも他人が書いた文章であるかのように。そうすると、いろいろなことがわかってきます。まず、スムーズに頭に入ってくる文章かどうか。リズムや流れを整えるには音読がベストです。それから、長すぎる文章や短すぎる文章が気になるはずです。「雨ニモマケズ」みたいに、３００字を超えるような、途中で息継ぎをせねばならないような文章はもちろんアウトです。

また、同じ言い回しが続くと気になります。さらには、ゆっくり読むことになるので、誤字脱字に気づくことが多いです。だまされたと思って、一度音読してみてください。間違いなく文章のグレードが一段階あがります。いや、もっとかもしれません。

おおよそこんなところでしょうか。論文のフォーマットは第三回授業で指導したつもりだったのですが、いまひとつ守られていなかったので、今度はきちんと例示しました。ものごとを正確に伝えるのは意外と難しいです。しょっちゅう、「なに聞いとったんや」と思うことがありますが、それは、言い方が悪かったせいなのかもしれません。プレゼンや論文だけでなく、他人に何かを伝えるとき、常に必要なのは丁寧さと親切心です。それから、根気と辛抱強さも。私の場合、根気と辛抱強さが不足気味なので、反省せねばなりません。

ということで、次ページの表12のようなプリントも作りました。考えてみたら、初めから作って渡しておいたらよかったですね。またもや反省。

表12　論文の書き方

題名
- 位置は左右センター。
- メインタイトル ― 16ポイント
- ―サブタイトル― ― 14ポイント
- ○○学部△△専攻　×××× ― 12ポイント

概要
- 概要以下、文字の大きさ10.5ポイント
- 400字程度で
- 本文を読まなくてもわかるようにコンパクトに

序論
- 全体の４分の１を目安
- 一般論から始めて、絞り込んでいく

データ
- 全体の半分を目安
- セクション分けするときは、見出しをつけること
- そのときは、わかりやすいように、[○○について]
- とか括弧つきに

考察
- 全体の４分の１を目安
- 可能な限り断定できる議論を
- 「思う」ではなくて「考える」

参考資料

（1）（2）……というようにナンバリングして、本文のどこで使ったかがわかるように

第五章

実践編
改善した個人論文

整理して伝え方を変える

第七回、第八回授業

他の人のプレゼンや論文を共有する効果

スケジュールとしては、ファイナルバージョンの論文を提出してもらう前に、二回目のプレゼンをやってもらいました。そのやり方は次ページの表13にあるように指示しました。

プレゼンをするときは、必ず原稿を書くべきです。それを暗唱できるくらいにまで覚えます。そして、スライドを見ながら原稿なしで話す、というのがベストです。暗記したものをそのまま話そうとすると、どうしてもライブ感に欠けてしまいます。最近は、パワーポイントのノート機能を使ってそれを読む人もいますが、いただけません。暗記したものをそのまま話すのと同じくらいライブ感に欠けます。面倒と思うかもしれませんが、十分に上達するまではここに書いたようなやり方で練習すること。そうでないと、いつまでもプレゼンがうまくなりません。

ノーベル賞の本庶先生の師匠であった早石修先生も偉大な科学者でした。その早石先生、講演にあたってはどのようなときにも原稿をお書きになっておられました。超のつくベテランになられてからも、英語での講演だけでなく、日本語の講演でも。それも、「ここはゆっくり」とかのト書きまで書いておられました。偉い先生は努力の度合いが違います。

表13　二回目のプレゼンのやり方と注意点

時間	**・一人あたり持ち時間12分** ⇒　発表時間8分　＋　質疑応答4分 **・時間厳守** ⇒　原稿にして読んでみて時間チェック　→　練習 →　原稿なしでプレゼン
スライド	・枚数は自由だが、せいぜい10枚 ・表紙をつけること ・序論と結論のスライドは必ず入れること

さて、プレゼンですが、全員、一回目に比べてスライドもトークも格段によくなりました。これにはいくつかの理由が考えられます。第一に、プレゼンと第一回論文に対してディスカッションをおこなったことです。自分では気づかなかった他の人の意見を取り入れて、内容の厚みが増していました。それから、無視できないのは時間のファクターです。一回目のプレゼンは、テーマが決まってから1週間という短期間だったので、十分にデータが検索できていなかった、考えもまとまっていなかったと考えられます。

もうひとつ、もしかするとこれがいちばん大きいのではないかと考えているのは、相互の刺激です。以前にやった「基礎セミナー」

で抱いた印象と同じです。全員がおたがいにプレゼンを見て、論文を読んだのです。それも、批判的に、かつ、質問を考えながらです。他の人のプレゼンのいいところ、悪いところ、論文のいいところ、悪いところがよく理解できたはずです。意識してかどうかはわかりませんが、おたがいにいいところを取り入れていました。先生の言うことはあまり聞かなくても、友人同士だと、仲間意識とライバル意識が適度に働くのがいいのでしょう。同世代がおたがいで切磋琢磨するグループ学習の効果というのは、思っていたよりも大きいと痛感しました。

個人論文二回目でふたりの中味はどう変わったか

論文を紹介したふたりのプレゼンについて、少し書いておきます。まず、エナジードリンクの山﨑さん。非常によく練習してきたのがわかるハギレのよいプレゼンでした。論旨も明快で非常にわかりやすかったです。本人は、調べていったら楽しくなっていったという感想でした。これは大事ですね。何でもそうですが、最初はつまらない、あるいは、しんどくても、何かについてわかりかけたらどんどん楽しくなっていくものです。細かい点ですが、WHOの基準値についての説明がわかりやすくなっていたという意見がありました。

もうひとつ、スマホ依存の山口君。これは初回からでしたが、スマホ依存には、時間制限ではなくて、時刻制限をすべきという着眼が素晴らしい。その着地点を確実なものにするためにデータを付け加えていった、という感じです。論旨は明快で、スライドにはかわいらしいイラストがあしらってあったりして、わかりやすいだけでなく、見ていて楽しいプレゼンだったのが印象的でした。

山口君によると、香川県ネット・ゲーム依存症対策条例――２０２０年４月に施行された、インターネットとコンピュータゲームの利用時間を規制する条例――などのおかげで、論理的に考えやすくなった、ということでした。第一回論文について山口君に質問した学生からは、そのときに言ったコメントを取り上げて書いてくれてうれしかったという発言もありました。こういうエールの交換みたいなのがあると、グループ学習の弾みになるし、教えているほうも本当にうれしくなります。

では、ふたりの論文がどうなったか、読んでみてください。傍線と白抜き数字のコメントは私が書き込んだものです。山口君の論文は、読みやすくするために、改パラグラフを指導したところには、「改パラグラフ」したあとのかたちにしてあります。

〈個人論文第二回　学問への扉　健康と医学について考えよう〉

エナジードリンクでチャージ完了!? ❶
～エナジードリンクの利用はいいことか～

工学部応用自然科学科　山崎彩可

概要　エナジードリンクを利用した経験はあるだろうか。現在エナジードリンクの売上本数は増加傾向にある。2019年のレッドブルの売上本数は前年比＋10・4％で過去最高の75億本（1）であった。❷しかしながら、エナジードリンクによる副作用が危惧されている。なかでも、大量に含まれるカフェインと糖質による健康被害は深刻である。

この論文では、カフェインと糖質のふたつの成分に着目し、それぞれの効果と害を考える。そして、エナジードリンクの利用の是非について考察する。

結論として、エナジードリンクの利用自体に大きな問題はない。しかし、利用の上で注意すべき点がいくつもある。また、本文中では、カフェインと糖質の含有量を数値で示したり、基準値との比較をおこなったりしている。カフェインと糖質の含有量の多さを体感していただけるだろう。
この論文をエナジードリンクの利用について考えるきっかけとし、今後の利用に役立てていただければと思う。

序論
受験期にエナジードリンクを飲んでいた友人が私に言った。「エナジードリンク1本、200円で一日の集中力が買えるって安くない?」そのとおりだと思った。❸当時の私は、買ってでも集中力が欲しかったのだ。だが、私がエナジードリンクの力を頼ることはなかった。怖かったからだ。私にはエナジードリンクは危険なものであるように思われた。しかし、エナジードリンクの利用には興味がある。危険性がないのであれば利用したい。そこでエナジードリンクの効果と危険性を考えて、利用するかどうか判断しようと思ったの

❶題名ナイス
❷あまり短いパラグラフも読みにくいので、ここは続けたほうがいいでしょう。
❸この「つかみ」はすごくいい。読む気にさせてくれます。

だ。④

ここでエナジードリンクと栄養ドリンクの区別をしておく。155ページの表①のように、分類上エナジードリンクと栄養ドリンクは異なるものである。また、使用目的やターゲットとする年齢層も異なっている（表②）（2）。

今回は、エナジードリンクに絞って議論する。⑤

データ エナジードリンクには、大量のカフェインと糖質が含まれる。これらが、エナジードリンクの元気の源であると言っても過言ではない。しかし、これらは、健康被害の要因ともなりえる。それぞれについて考えていく。

---

④ このパラグラフだけで、「思った」が3回出てきます。書き方を工夫しましょう。

⑤ ここは続けて、何でもいいから、いろんなドリンク剤があるのに、どうしてエナジードリンクに絞ったかを書いたほうがいい。

【論文 表①】エナジードリンクと栄養ドリンクの分類上の違い

	分類	成分の記載義務	効果・効能の記載
エナジードリンク	清涼飲料水	なし	不可
栄養ドリンク	医薬品・医薬部外品	あり	可

【論文 表②】エナジードリンクと栄養ドリンクの使用目的とターゲットの違い

	使用目的	ターゲット
エナジードリンク	リフレッシュ・気分の向上	若者
栄養ドリンク	滋養強壮・栄養補給	幅広い年代

1 カフェイン

エナジードリンクにはカフェインが大量に含まれている。次ページの表③（3）（5）を見ると、1本あたりでは、コーヒーよりも多くのカフェインが含まれていることがわかる。カフェインには覚醒作用、興奮作用、血管拡張作用、利尿作用といった優れた効果がある（6）。エナジードリンクによって元気が出たと感じるのは、カフェインの作用によるものが大きい。しかし、ここで注意しなければならないのは、「元気になった」というのは、あくまで錯覚であるということである。

カフェインは、間接的に神経を興奮させる。そして、疲れを感じられないようにする。カフェインはアデノシンという神経抑制物質と構造が似ており、アデノシン受容体にとりついてしまう。アデノシンの働きが阻害されることで、神経の安定化ができなくなる。その結果、神経が興奮してしまい疲労を感じなくなる。これが錯覚の仕組みである（3）。これは非常に危険である。無意識のうちに疲労が蓄積する原因となるからだ。

カフェインによる害はこれだけではない。カフェインを過剰に摂取すると、中枢神経が過剰に刺激される。それによって、めまい、心拍数の増加、興奮、不安、震え、不眠などの症状が現れる。また、消化器官の刺激により、下痢や吐き気、嘔吐することもある。

【論文 表③】カフェイン含有量の比較

商品名(内容量)	カフェインの含有量	100mlあたりのカフェイン含有量
モンスターエナジー(355 ml)	142 mg	40 mg
レッドブル(355 ml)	113.6 mg	32 mg
ボス無糖ブラック(185 ml)	93 mg	50 mg
コカ・コーラ(500 ml)	50 mg	10 mg

【論文 表④】各国のカフェイン接取目安量

	1日の摂取目安量(大人)
アメリカ・ヨーロッパ・カナダ	400 mg
オーストラリア・ニュージーランド	210 mg

【論文 表⑤】エナジードリンクとコーヒー各1本飲んだときのカフェイン摂取量

	カフェイン摂取量
モンスターエナジー1本+ボス無糖ブラック1本	235 mg (>210mg)
モンスターエナジー1本+ボス無糖ブラック3本	421 mg (>400mg)

これらの理由からカフェインの過剰摂取は危険だとされている。日本では明確な摂取基準は設けられていないが、基準値が設定されている国もある。157ページの表④（4）では各国で定められている、大人の一日あたりの摂取量目安を示した。子どもや妊婦に対して別に基準が設けられている国もある。子どもはカフェインに敏感であり、妊婦による過剰摂取は胎児への影響が懸念されるからだ（4）。

157ページの表⑤では、表③と表④をもとに一日でエナジードリンクとコーヒーの両方を飲んだ場合のカフェインの摂取量を示した。

2 糖質

エナジードリンクには、大量の糖質が含まれる。糖質は、摂取してから最も早くエネルギーに変わる即効性のある栄養素である（7）。また、ブドウ糖は脳にとって唯一のエネルギーである。そのため、糖質を補給することで脳のエネルギー補給となり集中力を高めることができる（16）。

しかし、糖質のとりすぎは悪影響を及ぼす。糖質を摂取すると血液中のブドウ糖の量が急激に上昇する。通常はインスリンの分泌により2～3時間でもとの血糖値に戻る。しかし、

【論文 表⑥】白米とエナジードリンクなどとの糖質量比較

商品名	糖質量	100mlあたりの糖質量	角砂糖換算（角砂糖1個3.7gで計算）
モンスターエナジー(10)(355 ml)	46.15g	13g	12.5個
レッドブル(1)(355 ml)	39.1g	11g	10.6個
コカ・コーラ(11)(500ml)	56.5g	11.3g	15.2個
白米(12) 100g	35.6g		

糖質のとりすぎや血糖値の急上昇などにより血糖値をうまく下げられないと、糖尿病をはじめとしたさまざまな健康トラブルの原因となる（8）。

また、糖質過多な食生活を続けていると、糖質を少量とっただけでインスリンが大量に放出され、血糖値が低い状態が続くようになる。すると、脳へのブドウ糖供給が不安定になり自律神経が乱れる。その結果、疲労感、だるさ、集中力の低下などといった症状が現れ出す（9）。

上の表⑥にエナジードリンクとコカ・コーラと白米100gの糖質量の比較を示した。白米100gはコンビニのおにぎり1個分に相当する。エナジードリンクには、白米10

0g分以上の糖質が含まれていることがわかる。

糖質の摂取量の基準として、WHOのガイドライン「成人及び児童の糖類摂取量」がある。このガイドラインでは、成人及び児童の一日あたり遊離糖類摂取量（＊1）を、エネルギー総摂取量の10％未満に減らすよう勧めている(13)。これをグラム数に直すと、一日あたり55g未満である（＊2）。この数字と比較しても、エナジードリンクにいかに多くの糖質が含まれているかがわかる。

＊1　遊離糖類とは単糖類及び二糖類のことで、このガイドラインでは、生鮮果実・野菜の糖及び乳中に天然に存在する糖を対象に含めていない。

＊2　基本型の一日のエネルギー目安量2200（kcal）×0.1（10％）÷（炭水化物のエネルギー4kcal/g）(14)

考察　表③、表④から、エナジードリンク1本に含まれるカフェインの含有量はコーヒー1缶分よりも多いが、一日の摂取量目安は超えていないことがわかる。このことから、カフェインの含有量は多いものの、1本で重大な健康被害を及ぼすほどではないと言える。❻しかし、表⑤のように、エナジードリンクの他に、コーヒーなどのカフェインを多く含むものを飲むときには注意が必要である。

また、エナジードリンクの利用時には、元気の前借りをしていることを忘れてはならない。❼エナジードリンクによって、疲労が回復するわけではない。疲労感のみがなくなるのである。疲労感の解消は、無意識のうちに疲労を蓄積させる原因となりえる。そのため、エナジードリンクの常用は避けなければならない。❽

カフェインだけでなく、糖質にも注意が必要だ。糖質はエネルギー源となり疲労時には重宝する。しかし、とりすぎには注意しなければならない。さまざまな健康被害の原因となりかねないからだ。糖質の過剰摂取が疲労感のもととなってしまう場合もある。❾

表⑥のように、エナジードリンクには、大量の糖質が含まれている。エナジードリンクを飲む際には、そのことも十分理解して糖質の過剰摂取とならないように気をつけなければな

❻ こういうところ、「考えられる」のほうがいいです。

❼ 言葉遣いが素敵です。カフェインをとることによるのだと思いますが、それを書いたほうがいい。

❽ ちょっと言いすぎ。「できれば避けたほうがいい」とか、それくらいに。

❾ ちょっと細切れ感があるので、ここはつなげたほうがいいかと。

らない（9）。

以上のことから、エナジードリンクの利用自体に問題はないものの、利用する際には注意が必要であることがわかる。特に常用や過剰摂取をしてはならない。では、エナジードリンクの代わりになるものはないのだろうか。

疲労回復に効果的な食べ物としては、イミダゾールジペプチドを豊富に含む鶏の胸肉や、ビタミンB1の多い豚肉があげられる。イミダゾールジペプチドは疲労の予防にも効果がある（15）。また、集中力の向上には、炭水化物とビタミンB1の組み合わせ、DHA、レシチンが効果的である。DHAは青魚に、レシチンは卵、大豆、大豆製品、ナッツ類に多く含まれる（16）。元気を出したいときや頑張りたいときに、これらの食品をとってみてはどうだろうか。

さて、この論文の題名は〝エナジードリンクでチャージ完了!?〟であった。エナジードリンクはあくまでエナジー〝前借り〟ドリンクである。そのため、結論としては〝エナジードリンクではチャージ完了ならず〟といったところであろうか。10

10「つかみ」と同じく、こういう言い回しにセンスを感じます。

「エナジードリンクでチャージ完了!?」参考文献

（1） Red Bull Energy Drink - 公式サイト :: Energy Drink :: Red Bull JP
https://www.redbull.com/jp-ja/energydrink/kaisha

（2） 栄養ドリンクとエナジードリンクって違い
https://business-textbooks.com/energydrinkdifference/

（3） 日常生活の中におけるカフェイン摂取 －作用機序と安全性評価－
https://gair.media.gunma-u.ac.jp/dspace/bitstream/10087/10162/1/%E7%B4%80%E8%A6%81Vol6-2_p109-1-1_kuribara.pdf

（4） 農林水産省ホームページ　カフェインの過剰摂取について
https://www.maff.go.jp/j/syouan/seisaku/risk_analysis/priority/hazard_chem/caffeine.html

＊2021年2月時点で、この資料の中にはリンクが機能しないものもあります。

（5） エナジードリンクのカフェイン量比較一覧＆一日の上限摂取量を紹介
https://inakadaisuki.com/energydrink_caffeine/amp/

（6） コーヒーに含まれるカフェインの効果とは？　良い飲み方と摂取量の目安も
https://mystyle.ucc.co.jp/magazine/a_679/

（7） 素早くエネルギーとなる糖質
https://www.otsuka.co.jp/nutraceutical/about/nutrition/sports-nutrition/essential-nutrients/carbohydrates.html

（8） 糖質はとりすぎも不足もNG!?糖質コントロールを助ける「低GI食品」とは
https://www.otsuka.co.jp/cmt/column/nutrition_laboratory/215/

（9） 糖質過多が原因!?「脳の疲労」をチェック
https://president.jp/articles/amp/20556?page=3

（10） 【マジかよ！】エナジードリンクのモンスターに含まれる炭水化物の量を角砂糖で視覚化した結果！
https://news.nicovideo.jp/watch/nw2807179

（11） 日本コカ・コーラ株式会社　コカ・コーラ　ジャーニー
https://j.cocacola.co.jp/spn/info/faq/detail.htm?faq=18399

（12） 管理栄養士が教える。ご飯一杯のカロリーや糖質量はどのくらい？
https://macaro-ni.jp/80615#heading-1075192

（13） 食品安全委員会ホームページ
https://www.fsc.go.jp/fsciis/foodSafetyMaterial/show/syu04220570294

（14） 農林水産省ホームページ　実践食育ナビ
https://www.maff.go.jp/j/syokuiku/zissen_navi/balance/required.html

（15） 疲れをとる食べ物
http://koganei-med.or.jp/info/info_memo/404.html

（16） 忙しい時期に試したい!集中力を高める食事について
http://www.nikkyo-create.co.jp/food_and_health_column/column_backnumber/column0054

大切なのは、十分な休養と健康的な食生活である。バランスのよい食事と十分な休息を基本とした、エナジードリンクに頼らない生活を送るよう心がけていただきたい。また、エナジードリンクを利用するのであれば、利用を最小限にしたり、利用した日には食事や休息をふだんより意識したりして、エナジードリンクを上手に活用していただきたい。

〈評〉データも豊富で、文章もウキウキする感じがして、とても楽しく読めました。最後のほうに、思っていたほど悪くはない、といったニュアンスをどこかで入れたら完璧かと。

参考文献の（2）は、栄養ドリンクとエナジードリンクの違いは法令で決まっているという内容なので実際上は問題ないのですが、引用元がネット記事というのがあまりよろしくない。できれば法令そのものを引用したほうがよかったですね。あら探しのようなことをされる可能性もなくはないので、発表する文章にはできるだけケチがつかないように配慮しておくというのも大事なことです。

スマホに操られてない？
～10代の8割が陥る依存症～

工学部応用自然科学科 山口孝太

概要 数年前スマートフォンが誕生し、急激に普及率が上昇し、小型でさまざまな機能が使える利便性から私たちの生活とスマートフォンは切り離せない関係となったと言える。これに伴って近年、「スマホ依存」と呼ばれる新たな依存症が問題視されている。２０２０年４月に香川県でネット・ゲーム依存症対策条例といったものまで施行されてしまうという次第である。しかし、私自身は多いときには一日8時間以上スマートフォンに触れていることがあるが、特に弊害を感じた記憶はない。そこで本当に世間で言われているほどスマホ依存は危険なことなのだろうかと思い調べることとした。結論として一般に言われるほど気にする必要はないが、スマホ依存は危険なことである。深夜の使用を控えさせるためにもある時刻以降の使用禁止はするべきであると考えた。⑪

本文 スマートフォンは1990年代に誕生したと言われる。実際に世界中で普及し始めたのはiPhoneが初めて発売された2007年以降である。日本でも確かにスマートフォンは普及し続け、老若男女問わずスマートフォンを所持している人が多い。スマートフォンはガラパゴス携帯にはなかったアプリなるものがあり、これを使うことによって無料で通話したりSNSを楽しんだり、複雑なゲームまですることができる優れものだ。しかし楽しいものに悪影響は付き物、といった固定観念があるのではないだろうか。たとえばお酒の飲みすぎはよくない、たばこの吸いすぎはよくないといった代表例から何から何までやりすぎるのはよくないと思い込んでしまっているだけではないだろうか。だからこのことについてもっと深く調べスマホ依存は本当に危険なことかあらためて考えたい。

12 ネット上などでよく囁かれているスマホ依存の悪影響は大きく生活面と精神面に分けられる。そこで生活面についてはスマートフォンがなかった時代とスマートフォンが普及してからの勉強時間や運動習慣、睡眠時間とスマートフォンの使用の関係を調査することにした。また精神面についてはさまざまなスマートフォン使用についてのアンケート結果を調査する。今回はスマートフォンを持ち始める人が多く依存傾向の強いと言われる10代を中心としたデータを取り上げて考察することとする。

スマートフォンの普及率は２０１０年が９・７％、２０１５年には72・０％、２０１８年が79・２％（１）となっているため２０１０年以前と２０１５年以降のデータをもとにスマートフォンが普及した時代とスマートフォンが普及していない時代を比較することができる。

まずは１６８ページの図①を見てほしい。これは総務省が調べた一日あたりのスマートフォンでのインターネット利用時間である。２０１６年においては10代や20代は約２時間利用していることが読みとれる。やはり若者の依存傾向が強いことが明らかである。

つぎに10代を代表して高校生の勉強時間の増減を見ていく（２）。スマートフォンの利用時間という時間が生活に新しく組み込まれたため、勉強時間は減っていると予想するかもしれない。しかし実際は平日の勉強時間が１時間、１時間半、２時間、２時間半、という人の割合が増加しており３時間という人の減少割合も０・３％にすぎず全体としては明らかに増加しているという結果であった。つまりスマートフォンの使用が勉強時間に対して与える影

⑪結論としてのメッセージ、すごくいいです。
⑫改パラグラフ

【論文 図①】 モバイルからのインターネット利用時間

2012年と2016年との比較。平日1日あたり。

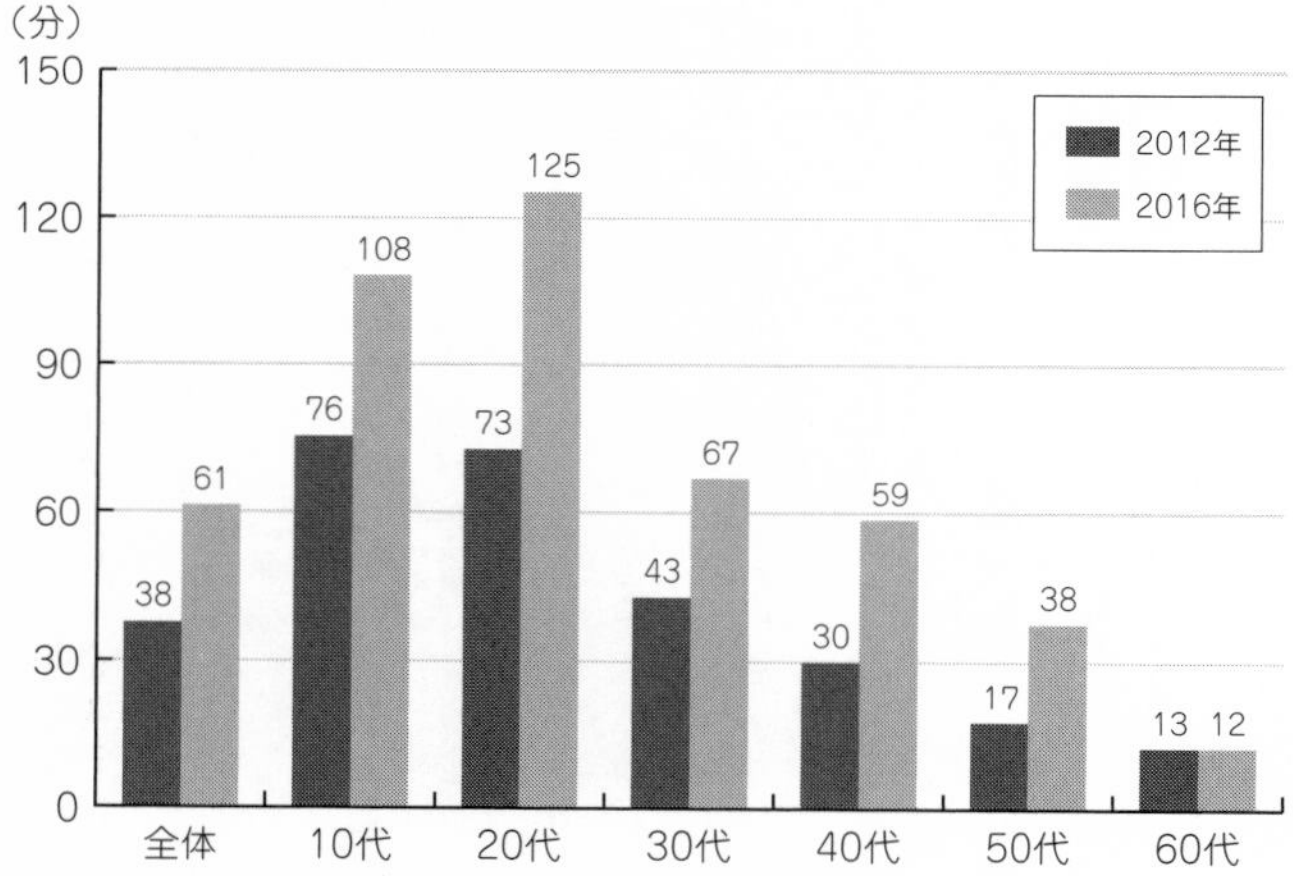

出典 総務省情報通信政策研究所
「情報通信メディアの利用時間と情報行動に関する調査」

【論文 図②】運動部活動参加率

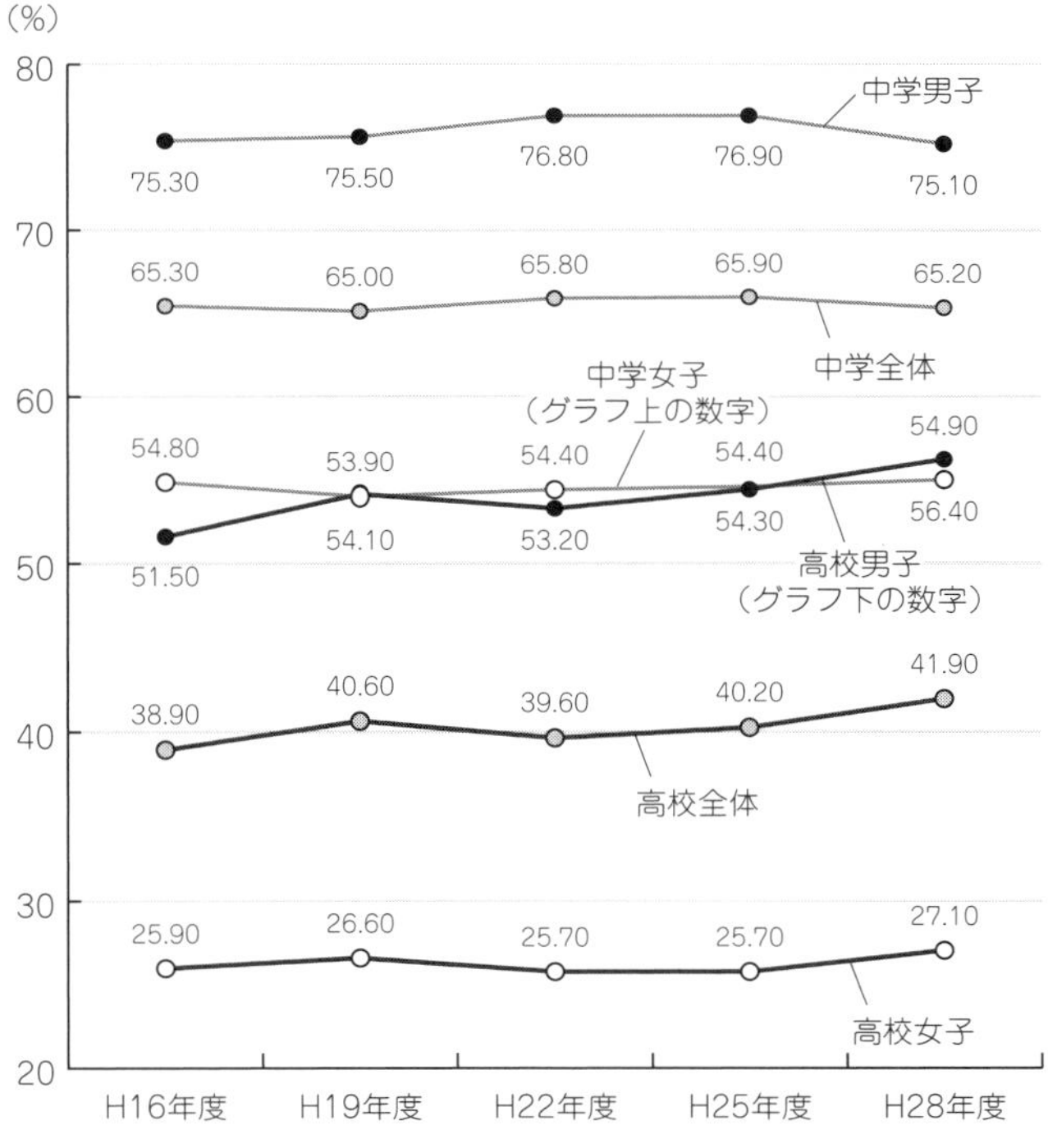

（出典）教育基本調査並びに(公財)日本中学校体育連盟、(公財)全国高等学校体育連盟及び(公財)日本高等学校体育連盟の調査を基にスポーツ庁において作成

響はないと言うことができる。

つぎに運動・スポーツ実施率についてだが、そもそも10代のうちは学校での体育の授業がある。さらに運動部に加入しているものはなおさら運動の習慣が身につくのは確実である。このことから心配は少ないが、まず運動部加入率を見ていこう（169ページの図②）（3）。

運動部加入率は横ばいであることが読みとれる。スマートフォンの普及で運動部加入率が下がるということはない。13しかし高校生女子の加入率はかなり低くなっている。このことから最も依存による運動不足に注意しなければならないのは高校生女子と言える。14スポーツ庁によると男子はほとんどの年齢において運動・スポーツ実施率が高くなったとしており、女子は中学生から40代まで運動・スポーツ実施率が下がっているとした（4）。しかしこの減少も微々たるものであり、スマートフォンの影響があるとは言えない。このことから運動習慣にスマートフォンが与える影響はないと言える。しかし先ほども述べたように運動部などに加入していない人は十分注意するべきであろう。

つぎに睡眠時間について調べようとしたのだが最新のデータを見つけることができなかった。そこで日本経済新聞の記事を見つけた。文科省の調査に基づいた記事のため正確な情報と言える（5）。「小中高生とも、携帯電話やスマートフォンを使ってメールやインターネットをする時間が長いと、登校前日の就寝時間が遅くなる傾向があった。1時間未満しか使わない小学生は午前0時以降に就寝する割合が3・3%だったが、『2時間以上3時間未満』では17・1%と5倍以上の開きがあった」とされていた。つまりスマートフォンの使用が睡眠時間に悪影響を及ぼしていることを否定することはできない。

これまでの結果から、スマートフォンを使っている時間は何の時間を減らしたのか、と疑問を持った人もいることであろう。まずひとつあげられるのは上で述べた睡眠時間である。しかしこれだけですべての時間を補っているとは言い難い。そこで173ページの図③を見てほしい（6）。10代のテレビ視聴時間が全体や他の世代に比べ短いことが見てとれる。つまりスマートフォンを触る時間が増えた分、減った時間は勉強時間や運動時間ではなく、テレビを見る時間と言える。

つぎに精神面への影響を考える。高校生のスマートフォン使用目的は、LINEやTwitterなどの「ソーシャルメディア関連」が100・5分、「動画投稿サイトを見る」が

---

⑬ これは言い切りすぎ。「ないと考えていいだろう」くらいに。

⑭ 「〜と言える」が頻出するので、少し工夫を。

27・5分、「ゲームをする」が20・3分であった（7）。スマホ依存はSNS依存と言えるほどソーシャルメディアを使用している時間がかなり長い。

そこでSNSの使用について精神面へのよくない影響があるのではと疑問を持った。そしてソーシャルメディア使用の際の悩みや負担についても調べたところ（7）「書いたメッセージに反応がないこと」が15・9％、「メッセージの返信をすぐにしなければならないこと」が12・1％、「自分が書いてしまった内容について、あとから悩む」が27・7％、「メッセージを読んだことがわかる機能」が22・4％など多いとは言えないが一定数の人が悩みや負担を感じていることがわかる。こういった不安からも常にスマートフォンが気になってしまい依存すると言える。

これまでのデータから、スマートフォンが現れたことで勉強や運動への影響は意外なことにほとんど見られないものの睡眠に関しては悪影響があると言える。また、スマートフォンによって学校外の時間においても常に他人とつながれるようになってしまったことから精神的な面でも悪影響があると言える。だからスマホ依存は危険なことであるという結論になる。しかし現在スマートフォンなくしてはやっていけない時代ではあるし、便利な面も多くあるためスマートフォンを使うこと自体を禁止するというのは難しい。

【論文 図③】ネット利用時間とテレビ視聴時間

平日1日		平均利用時間（単位：分）		
		テレビ（リアルタイム）視聴	テレビ（録画）	ネット利用
全世代	2012年	184.7	17.0	71.6
	2013年	168.3	18.0	77.9
	2014年	170.6	16.2	83.6
	2015年	174.3	18.6	90.4
	2016年	168.0	18.7	99.8
10代	2012年	102.9	11.1	108.9
	2013年	102.5	17.9	99.1
	2014年	91.8	18.6	109.3
	2015年	95.8	17.1	112.2
	2016年	89.0	13.4	130.2
20代	2012年	121.2	14.5	112.5
	2013年	127.2	18.7	136.7
	2014年	118.9	13.8	151.3
	2015年	128.0	15.8	146.9
	2016年	112.8	17.9	155.9
30代	2012年	158.9	19.0	76.5
	2013年	157.6	18.3	87.8
	2014年	151.6	15.6	87.6
	2015年	142.4	20.3	105.3
	2016年	147.5	18.6	115.3
40代	2012年	187.4	18.7	74.6
	2013年	143.4	13.3	70.0
	2014年	169.5	14.2	82.5
	2015年	152.3	15.8	93.5
	2016年	160.5	23.2	97.7
50代	2012年	219.2	20.9	51.3
	2013年	176.7	20.3	61.8
	2014年	180.2	18.4	68.0
	2015年	219.8	18.6	74.7
	2016年	180.6	17.0	85.5
60代	2012年	263.0	14.5	33.9
	2013年	257.0	19.8	36.7
	2014年	256.4	17.8	32.2
	2015年	257.6	22.6	35.7
	2016年	259.2	18.4	46.6

出典　総務省情報通信政策研究所
「平成28年情報通信メディアの利用時間と情報行動に関する調査」

ここで、香川県が出したネット・ゲーム依存症対策条例を紹介したい。この条例は簡単に言えば、家庭内でスマートフォンやゲームの使用のルールを決めるというものである。たとえば、香川県が提示した目安の中にはスマートフォンを使用していいのが中学生以下は21時まで、それ以外は22時までというものがあった。この条例自体はテレビの街頭インタビューやネット上の反応を見る限り評判はよくなかった。しかしこの目安は合理的ではないだろうか。なぜなら睡眠時間の確保は可能になるのは言うまでもなく、睡眠時間を削ってスマートフォンを触っているため、睡眠時間をしっかりとれば結果としてスマートフォンを触る時間も減る。さらには他人とつながっていない独りの時間を作ることができるため精神的負担を軽減することもできる。だからスマートフォンを使用してよい時刻を決めることはスマホ依存への対策として合理的と言える。

⑮ただひとつ気をつけたいことは、睡眠時間を増やすことで減ったスマートフォンを触る時間を確保しようとして、これまで影響の出ていなかった勉強や運動に悪影響を及ぼさないようにすることだ。このことには十分に注意し、使用時間ではなく使用時刻を制限すること

---

⑮改パラグラフ

「スマホに操られてない？」参考文献

（1）https://www.soumu.go.jp/johotsusintokei/whitepaper/ja/r01/html/nd232110.html

（2）https://blog.benesse.ne.jp/bh/ja/news/m/2016/01/28/docs/20160128release.pdf

（3）https://www.mext.go.jp/sports/b_menu/shingi/013_index/shiryo/__icsFiles/afieldfile/2017/08/17/1386194_02.pdf

（4）https://www.mext.go.jp/sports/b_menu/houdou/30/10/__icsFiles/afieldfile/2018/10/09/1409820_1_1.pdf

（5）https://www.nikkei.com/article/DGXLASDG28HC6_R00C15A5CR0000/

（6）https://www.soumu.go.jp/johotsusintokei/whitepaper/ja/h29/html/nc262510.html

（7）https://www.soumu.go.jp/main_content/000302913.pdf

でより健康的でより快適なスマートフォンライフを送ってほしい。

〈評〉一回目に比べて、エビデンスが増えて、非常に厚みを増してます。結論もストレートでわかりやすい。

あとで気づいたのですが、サブタイトルの「依存症」というのは一般的な意味あいとしていいのですが、厳密な意味で、医学用語としては少し不正確かもしれません。かっこ付きの「依存症」としたほうがよさそうです。

とてもよくできました！　進化の理由と改善点

どうでしょう？　ふたりともディスカッションを経て、その内容を取り入れたりして、ずいぶんとよくなっているとは思われませんか？　タイトルもずいぶんとキャッチーになっていますし。

エナジードリンクの山﨑さんは、ディスカッションで指摘された内容、エナジードリンク以外に集中力をあげたり疲労を減らしたりする食品を考察に加えてくれました。あまりデータを出さずに結論だけという感じなので、ちょっと反則気味ではありますが、参考にしたHPもアップしてあるのでよしとしましょう。これによって、論文のスケールが大きくなった感じがします。

山口君のスマホ依存は、データが補強されてすっきりしただけでなく、ちょっと作文っぽかったのが、かなり論文らしくなりました。少し長すぎるパラグラフがあるのと、○○と言えるという言い回しが多いのが気になりますが、それを工夫したら、もっと読みやすくグレードアップした印象になるはずです。

もちろん全員にコメントをつけましたが、そのすべてを載せることはできませんので、総評を載せておきます。これは授業の際にみんなに配布、といってもネット上ですが、したものです。

言い回しひとつで「伝わり方」に違いが

1. 全員が、一回目の論文に比べて格段によくなっていることに驚きました。これなら初めからもっとちゃんと書けたんとちゃうんか、と思うくらいです。構成、文章の書き方、考察の内容、どれも著しく進歩しています。とてもうれしいです。

2. より長い時間をかけたからということもあるかもしれませんが、みんなでディスカッションしたこと、それに対してフィードバックしたこと、また、他の人の論文やプレゼンを見て、いいところを取り入れたこと、というのが、進歩の理由として大きいと考えています。

3. ひとことずつ、論文の最後にコメント入れてます。それから、気になったところは、それぞれの論文にコメントを挿入してありますが、以下のようなところが、共通して気になりました。

a　パラグラフ構成

全体にパラグラフの長い人が多い。ひとつのパラグラフには、ひとつのメッセージ、という気持ちで書いたほうがいいでしょう。また、あまりに短すぎるパラグラフも細切れ感が出るので避けること。

b　できるだけ客観的で強い言い回しを

○○と考えた、とか、○○と言える、とかが多い。主観的であるという印象を与えないことが必要です。○○と考えられる、とか、○○が妥当である、とかいう書き方をすると、言いたいことは同じでも、与える印象が違ってきます。それから、できるだけ強い言い回しをすること。

c　言いすぎない

bと逆ですが、強く言いすぎるのもいけません。こいつ、なに言うとんねん、と思われたらおしまいです。なので、エビデンスがあまり強くないときは、一歩引き下がって、留保した言い方にすること。断言せずに、「と考えてもよい」とか、「の可能性がある」とか。bとcのバランスは意外と難しいのですが、このあたりが腕の見せどころという言い方もできます。

d 同じ言い回しの連続を避ける

対比をおこなうとき以外は、できるだけ同じ言い回しを使わないこと。内容が違っていても、同じ言い回しがくり返されると、単調な印象を与えてしまいます。ボキャブラリーを増やすことがいちばんですが、いまは、ネットで類義語検索が簡単にできるので、それを利用すればいいでしょう。

e サブタイトル

何人かはサブタイトルなしでしたが、せっかくおもしろいタイトルを考えたんだから、もう一息、気の利いたサブタイトルが欲しかったところです。今回はあまり関係ありませんが、タイトルがよければ、読む側の気合が違ってきます。おもしろいと予感させて読んでもらうのとそうでないのとでは、読後感が違ってきますし。

f 結論は短く強く

結局のところ、いろいろと書いても、読んだ人が覚えていることはごくわずかです。「Take home message」は少ししかない、ということです。なので、タイトルで引きつけておいて、それに対する結論をパチンと書くのが望ましい。覚えてもらえるとしても、タイトルと結論だけぐらいですから。

g　誤字脱字などに注意

誤字脱字、あるいは、意味のとれない文章が散見されました。せっかくいいことを書いていても、がっかり感を与えることがあるので、もったいない。いろいろな申請書類などでは、誤字脱字を極端に嫌う審査員もおられます。私もそのひとりなので、間違いありません。これをなくすには、しっかりと声を出して、ゆっくりと音読することです。そうすることによって、長すぎる文章や短すぎる文章、文章のわかりにくさやつながりの良し悪しもわかります。

h　スタイル

段落の頭は、やはり一字下げしたほうがいいです。それから、ぱっと見たときの印象というのもあるので、そういった構成も少し気にするように。

4. たくさんコメントしてあるのと、そうでもないのがありますが、論文の出来不出来とはあまり関係ありません。念のため。

最後になりましたが、全員のタイトルをあげておきます。どうでしょう？　そそられるタイトルの論文はありますか？

井上 葵　がん告知について ～ガーンとすることのメリットとは～
上長 央　揺れるドーピング規制線 ～ボーダーラインを再考せよ～
佐伯武音　lacking doctor ～医師の将来を予測する～
篠原つばさ　美容整形について ～ココロも身体も満たされる？～
高野宏樹　健康食品って意味あるの？
内藤智由希　ドラッグ依存・ドラッグ中毒 ～再犯率を下げるために～
白谷優悟　ジャンクフードとの美味しい付き合い方
濱野凌祐　ＰＣＲ論争 ～検査数をめぐる議論に終止符を打つ～
林 起輝　ガムの良さを嚙みしめよう
藤原彩風　任意接種 How Much? ～受けるか否かの分岐点～
前田知樹　ブルーライトが照らす未来
山口孝太　スマホに操られてない？ ～10代の8割が陥る依存症～
山﨑彩可　エナジードリンクでチャージ完了!?

～エナジードリンクの利用はいいことか～

山崎　空　怒りエネルギー　～怒りの6秒ルール〝アンガーマネージメント〟～

本にできると確信し、いよいよ第2ラウンドへ

本にするつもりがあると言っていたものの、じつは、第一回の論文を読んだ時点では、少し無理ではないかと思っていました。ある程度のレベルに達してもらわないことには、書物として成立しません。しかし、第二回プレゼンを聞いてずいぶんと印象が変わりました。そして論文のファイナルバージョン。これを読んだとき、間違いなく本にできると確信しました。それくらい、みんなが上達してくれました。

編集の呉清美さんが、オブザーバーとしてずっと、といってもZoomですが、参加してくださってました。その呉さんに送ったメールがありますので、紹介しておきます。第二回のプレゼンは2回の授業に分けての発表でしたが、その前半、6月5日のメール。

「前回のプレゼンに比較したら、信じられない進歩でした。
みんな優秀です。

あるいは、指導がむっちゃいいのか。〈自己肯定〉」

つぎの週、6月12日のメール。

「プレゼン、ずいぶんとうまくてびっくりです。
一回目のプレゼンのときは大丈夫なんかと思いましたし、
2～3人はどうかなあと思っていたのですが、杞憂でした」

正直なところ、一回目のプレゼンと一回目の論文までは、最初の印象どおり、2～3人はちょっとしんどいかと思っていたのです。スミマセン。でも、二回目のプレゼンは、本当に全員がすごくよかったので、心の底から安心しました。

つぎにこんなメールも送ってます。

「あんまり工夫してなくて、行き当たりばったりなんですけど、えらく順調ですよね。
プレゼンも質疑応答も、リアルよりもZoomのほうが恥ずかしくなくてやりやすいの

表14　第２ラウンド　決定したテーマとグループメンバー

安楽死と尊厳死	白谷	山口	篠原	山崎(彩)	
脳死と臓器移植	上長	前田	佐伯	内藤	濱野
出生前診断と人工妊娠中絶	高野	藤原	林	山崎(空)	井上

ではないかと思っています。
ある意味、幸運でした」

Zoomの功罪については、本の最後のほうであらためて考察します。

６月12日の授業、第1ラウンドである個人テーマの最終回、では、もうひとつ大事なことを決めなければなりませんでした。第２ラウンドのテーマへの割り振りです。第一章の最後に書いたように、テーマの候補はつぎの４つ。

- 安楽死と尊厳死
- 脳死と臓器移植
- 出生前診断と人工妊娠中絶
- 代理出産

ここから、第1希望、第2希望、第3希望と、これは絶対にイヤ、というのを意思表示してもらいました。その結果、185ページの表14のように決定。すごくうまくばらけて、ほとんどが第1希望のテーマで、ひとりが第2希望、もうひとりが第3希望となりました。

こういうのはモチベーションが大事なので、第3希望の学生には申し訳なかったのですが、「いいです、まったく問題ありません」と明るく言ってくれたので一安心。

男女、文理も適度に混じり合っててええ感じです。おとなしい子ばかり、よくしゃべる子ばかりになるとグループディスカッションの進み具合がおかしくなる可能性があるかと案じてたのですが、少なくとも私から見る限りでは、それもええ感じになりました。

第六章

実践編 グループで作る論文

正解のないテーマをどう料理!?

第九回〜第十四回授業

グループディスカッションで強調したこと

第1ラウンドはいわばウォーミングアップで、メインイベントは第2ラウンドと考えていました。第一章で書いたように、第1ラウンドは比較的小さくて、あまり対立点のないテーマを選んであります。それに対して、第2ラウンドは大きいというだけでなく、どれも正解のないテーマです。それをどう料理していってくれるか。

進め方は第1ラウンドと基本的に同じなのですが、概要のプレゼンの前に、グループディスカッションを2回とりました（189ページ表15の1と2）。そこで十分にディスカッションして、方向性を決めてもらおうという心づもりです。この2回のディスカッションではまったく指導はしませんでした。少し迷いはしたのですが、ここで口出し介入をすると、議論の方向づけなどに影響を及ぼしてしまうと考えたからです。

それから、最終的には、当初のスケジュールから少し変更になりました。概要のプレゼンが力作だったので、1回では収まりきらず2回に分けねばならなくなったからです（表15の3と4）。そして、その2回目の日はプレゼンに引き続きグループディスカッションを。残りは予定どおり（5と6）で、第一回論文は5の日までに、最終論文は6のあとに提出でし

表15　第2ラウンドの進行結果

1	グループディスカッション　一回目
2	グループディスカッション　二回目
3	概要のプレゼン part 1（2チーム）
4	概要のプレゼン part2（1チーム）＋ グループディスカッション
5	論文への質問、感想、提案
6	プレゼン＋ディスカッション

た。

グループディスカッションを進めてもらう上で強調したのは、対立した意見を意図的に出し合うことです。それぞれのテーマで言うと、安楽死や尊厳死を積極的に認めるかどうか、脳死による死の判定を広めていくべきかどうか、出生前診断による人工妊娠中絶の広がりは望ましいかどうか、といった対立軸が考えられます。

4～5人のグループなので、全員が賛成、あるいは全員が反対、ということもありえます。しかし、それでは議論が深まりません。ですから、自分の信条とは関係なく、あるときは賛成の立場、あるときは反対の立場、と立ち位置を変えてディスカッションしてみることを勧めました。

「科学的な考え方」で書いたように、こうすることによって、考えを大きくふくらませることができるはずです。たとえば、自分の意見と違う立場で考えてみるとき、気に入らないけれど、その意見が正しいと思っている人はどう考えるのだろうか、ということをリアルに想像できます。そして、最後は、ロビンソン・クルーソーみたいに、考えを要素に分けて比較してぎゅっと凝縮して考えます。そのようにして、個々人の多彩な考えから、ディスカッションを経て、グループとしての結論をまとめていけばいいのです。

いろんな場合が考えられます。わかりやすいように、AとBという対立する考えがあるとします。最初はAに賛成だったとします。つぎにBに賛成という立場で考え、ディスカッションします。その結果、Aとしての信念が固まる場合、逆に、Bに意見を変える場合がありえます。あるいは、基本的にはAのままだけれど、Bのこういう考えも取り入れる、逆に、基本的にはBに意見を変えたけれどAの観点も残したい、というケースもあるでしょう。もちろん、どうなってもかまいません。結果として、できるだけ懐の広い、そして、足腰の強い考察に至ってほしいのです。これは個人レベルでもそうですし、グループレベルでもそうです。

このときに大事なのは、意見を変えることを恥ずかしいとか絶対に思わないことです。不随意運動のように意見を変えるのはいただけませんが、きちんとした知識を得て、自分の頭で考えて、自分の言葉で語って、ディスカッションして、そして変えるのは何も恥ずかしいことではありません。それどころか、そうするべきなのです。こうしないと、考えが進歩しません。また山本義隆氏の言葉に戻るようですが、これは本当に大事なところです。

年をとってだいぶましになりましたが、私は基本的に気が短い人間、大阪で言うところの「いらち」です。なので、頑迷に意見を変えない人にしびれを切らして、「一貫性はアホの免罪符と違いますか」とか言って怒らせてしまうことがあります。ある程度の一貫性は大事ですが、一貫性を盾に意見をかたくなに変えないのは、あかんでしょう。

「安楽死と尊厳死」「脳死と臓器移植」「出生前診断と人工妊娠中絶」、いずれ劣らぬ力作でしたが、最終論文が1万字近くもありますので、すべてを紹介はできません。ここでもえいやっと、3つ目の「出生前診断と人工妊娠中絶」を主に解説していきます。

あとふたつの論文のタイトルと著者はつぎのとおりでした。参考までに。

安楽死について　白谷、山口、篠原、山﨑（彩）

脳死と臓器提供 ～臓器提供で救いの手を～ 上長、前田、佐伯、内藤、濱野

総花的になったグループ第一回論文

3つのグループとも、4名あるいは5名が手分けしてデータを探したようで、一回目のプレゼン、概要のプレゼンでは、それぞれが自分の受け持ったところを発表する、という形式でした。ディスカッションについては、グループで討論した結論を誰か、たぶん代表者なんでしょう、が話すというスタイルでした。こういったやり方についても、特に確認もせずにお任せでした。

「出生前診断と人工妊娠中絶」グループのプレゼンでは、①日本と外国の出生前診断、人工妊娠中絶事情、②高齢出産とトリソミー（通常は一対である染色体の数が1本多く3本になった状態）、③人工妊娠中絶の経済的側面、が大きなテーマとして取り上げられていて、結論は「出生前診断と人工妊娠中絶は必要である」というものでした。

提出期日の関係から、第一回プレゼンと第一回論文の内容はほぼ同じでした。「出生前診断と人工妊娠中絶」の第一回論文、全部載せるのは長いので、概要と考察だけを紹介してみます。

概要 出生前診断や人工妊娠中絶というのは、決断が難しいものである。日本では、外国に比べて出生前診断があまり普及しておらず、遺伝カウンセリングも広くおこなわれているわけではない。加えて、母親が高齢になるほど、先天性疾患を患う胎児を妊娠する確率が増えるのだが、日本の高齢出産の割合は増加している。さらに、先天性疾患のある子どもを育てるのは、経済的な負担が大きい。

以上から、出生前診断と人工妊娠中絶は必要である。また、出生前診断の診断数増加に伴う悪影響に対しては対策が求められる。

考察 海外と比べて日本では、遺伝カウンセリング体制が十分に普及されていないこともあり、出生前診断が積極的におこなわれていない。また、日本では高齢で妊娠・出産する人が増加しており、その割合は年々上昇傾向にある。高年妊娠にはさまざまなリスクが伴うが、母体年齢が上がるにつれて、胎児の染色体数的異常検出率が急激に増加することがそのひとつである。したがって、晩産化の進行に伴い、染色体異常を持つ子どもが生まれる確率も上昇していると考えられる。また、特に18トリソミーと13トリソミーの子どもは、心疾患をはじめとする多くの疾患を合併していることが多いため、生まれてまもなく亡くなる場合がほとんどである。さらに、障害児を育てる家庭は、一般家庭に比べて厳しい経済状況にあることも判明した。特に母子家庭においては、父親の収入に頼ることができず、母親が就労せざるをえない状況になることもあるだろう。胎児の将来や、家族の心情、また、経済面を考慮すると、子どもを出産しないという選択肢も必要である。

出生前診断の実施数増加による悪影響は無視できないものである。しかし、現在の日本では、男女の産み分けにはそれほど影響は出ないだろう。ただ、ダウン症候群をはじめとする先天性疾患を持つ人々への偏見増大を抑えるためには、何らかの対策は必要である。

改善するには想像力を持って具体的に考える

どうでしょう？　なんとなく総花的で、突っ込んだ議論が不足しているような印象はありませんか？　いくつも結論的なことが書いてあるのに、どうしてそう考えたかが書かれていないので、何のことかよくわかりません。それから、全体としてはよく調べられてはいたのですが、何点か大事なところでかなり不十分と言わざるをえませんでした。

たとえば、概要で「出生前診断と人工妊娠中絶は必要である」と言い切っているところなど、どうでしょう？　さすがにそれは言いすぎではないのか、と思われないでしょうか。考察には「出生前診断の実施数増加による悪影響は無視できないものである」と書いてあります。なのに、概要の結論が「出生前診断と人工妊娠中絶は必要である」では、納得しかねます。両者のあいだを埋めるような説明がないと、論旨が通りません。

それから、「日本では、遺伝カウンセリング体制が十分に普及されていないこともあり、出生前診断が積極的におこなわれていない」というのも気になります。遺伝カウンセリングと出生前診断の数に相関があるかどうかも難しいところです。他にも、概要と考察にはありませんが、中絶数があまり増えていないから、命の選別はあまり増えていないと考えられる、という議論がされていました。正確な統計はないのですが、中絶の総数から考えると、出生前診断による人工妊娠中絶の数はかなり少ないでしょうから、命の選別が人工妊娠中絶の総数に大きく反映されるとは考えにくいのです。このあたりは難しかったかもしれませんが、もう少し考えてほしかったところです。

いちばん気になったのは、ダウン症などを妊婦の血液だけで簡便に検査できる新型出生前診断についてのデータと考察がほとんどなかったことです。現時点において「出生前診断と人工妊娠中絶」を考えるのであれば、これを最大の問題にしなければなりません。なので、この点をよく調べて最終プレゼンと論文に入れるように指導しました。

新型出生前診断（英語では Non-Invasive Prenatal Testing、ＮＩＰＴ：非侵襲的出生前検査）について、少し説明しておきます。この方法により、血液によるダウン症など染色体異常のスクリーニングが可能になりました。もし、そのような検査をおこない、最終的に胎児がダウン症と診断されて中絶を望む妊婦さんが多くなると、将来的にダウン症の人が激減していく可能性があります。もちろん、そのような検査を受けない人もいるでしょうし、ダウン症と診断されて中絶しない人もいるはずです。そうなった近未来、ダウン症の人が差別されるようになる可能性が否定できません。

このような問題を考えるには、ちょっとしたコツというか、やり方があります。新型出生前診断だと、その検査を受けて結果次第で中絶を望む人がどれくらいいるかを場合分けして考えることです。つい最近まではそんな検査がなかったのですから、望む人の割合は当然０%でした。少しずつ増やして、25%、50%、75%、それから、最高でも１００%になることはないでしょうから95%だったらどうかというように考えると、議論を進めやすくなります。想像力を持って具体的に考えるというのはこういうことです。

まったく偶然なのですが、この授業の数日前に出産ジャーナリスト・河合蘭さんの「2度のダウン症妊娠『産む』『産まない』両方の決断をした夫婦の思い」という記事をネットで見つけていたので、参考に読めばいいのではないかということも示唆しました。

新型出生前診断も含めて、このような検査結果を知らせるときには遺伝カウンセリングが必要です。しかし、考察に書かれているように日本では非常に少ないのが現状です。本文には、日本に遺伝カウンセリングのシステムがないとされていたのですが、さすがにそのようなことはなくて、日本遺伝カウンセリング学会と日本人類遺伝学会が共同認定する資格である認定遺伝カウンセラーがあります。そういったこともちゃんと調べて書くように指導しました。間違ったことを書かない、ということには細心の注意が必要です。

結論のところで、男女の産み分けについて多少書かれています。少し唐突なのですが、本論ではけっこう詳しく紹介してありました。新型出生前診断は、ダウン症のような染色体異常だけでなく、胎児の性別判定にも利用することが可能です。まさか、そのような産み分けにまで使われるとは思いませんが、注意をはらっておくことは必要です。というのは、「滑りやすい坂」論というのがあるからです。

坂道を滑り出すと、最初はゆっくりだったのにどんどん加速度がついて止めにくくなる、という考えです。必ずしも常に正しい理論ではないのですが、生命倫理では確かにそういった傾向があるので、よく出てきます。最初は厳格な倫理基準を設けていても、運用していくうちにどんどん甘くなっていってしまう、ということの喩えです。かといって、滑る坂道を怖がりすぎて闇雲に禁止するのがいいかというと、そうとも言い切れません。難しい、というか、これも答えのない問題です。

あと、出生前診断の国際比較とかが詳しく紹介されていて、とてもわかりやすいのが印象的でした。概要プレゼンと第一回論文を読んだ感想と指導は、こういったところでした。

グループ第二回論文ではどこがよくなったか

ここで書いたようなコメントや提案を入れて仕上げてくれたのがつぎの論文です。1週間という短い期間での訂正だったので大変だったかと思いますが、よくがんばってくれました。

〈グループ論文第二回　学問への扉　健康と医学について考えよう〉

出生前診断と人工妊娠中絶

高野宏樹　林起輝　藤原彩風
山崎空　井上葵

概要　出生前診断にはさまざまな種類があるが、近年は、世界的に新型出生前診断（NIPT）が注目されつつある。NIPTを受ける際には十分なカウンセリングをおこなう必要がある。遺伝的なものを扱うカウンセリングは遺伝カウンセリングと呼ばれるが、日本では海外ほど遺伝カウンセリングが普及していない。また、日本では高齢出産が増えている。妊婦が高齢になればなるほど、障害を持つ子が生まれる可能性が高まる。障害のある子を育てるのには大きな負担がかかるため、出生前診断と人工妊娠中絶という選択肢は残すべきである。しかし、やはり日本の遺伝カウンセリング体制はまだ十分とは言えないため、これからも改善が必要だ。ただ、先天的な疾患を持つ子どもが減少した場合、そのような子を排除しようとするような優生主義が加速することが考えられる。これには、教育などを通して疾患についての知識を広めることが有効だろう。アイスランドでは、ダウン症の子どもがほぼいないという研究結果がある。アイスランドの今後を注意して見ておくことも、日本の対策を考える手助けになるはずだ。

序論 妊娠や出産は、日常の中にある大きな喜びである。しかし、それらはすべてスムーズに進むというわけではない。それらにかかわる出生前診断や人工妊娠中絶は、日本ではあまり話題にのぼることはないが、倫理的で重大な問題である。現代の日本では、また、海外では、これらはどのような状況に置かれているのだろうか、このような疑問に触れながら、本論文では出生前診断と人工妊娠中絶について議論を進めていく。

本論

［出生前診断］

出生前診断とは、妊娠中に胎児が先天性の疾患を持つか検査するものである。胎児がそのような病に罹患していた場合は、検査結果からその子に合った分娩方法や病院の環境を考えることができる。これが、出生前診断の目的である。

診断には大きく分けて2種類ある。ひとつは、確定的検査と呼ばれるものである。母親への負担が大きい代わりに胎児の疾患を確定することができる、という特徴がある。これには、羊水検査と絨毛検査が該当する。羊水検査とは、文字どおり羊水を調べるもので、絨毛検査とは、胎盤を形成する前の細胞の、絨毛を採取して調べるものだ。これらふたつの検査は、母体の腹部に針を刺す必要があるため、わずかだが流産する可能性がある。そして出生前診断のもうひとつのカテゴリーに、非確定的検査がある。こちらは、母親への負担は少ない代わりに、胎児の疾患については疾患を持っている可能性しかわからないという特徴がある。非確定的検査には、通常の妊婦健診でもおこなわれる超音波検査（エコー検査）、母体血清マーカー検査、新型出生前診断（NIPT）がある。母体血清マーカー検査や新型出生前診断は、胎児のDNAが混ざっている母親の血液を採取し調べるものであり、超音波検査と同じで、流産する危険性はない。この安全性からか、受検者数は増加している。ただ、非確定的検査では診断を確定することができないため、確定には、確定的検査をおこなわなければならない（1）。

以上のように、一口に出生前診断といってもさまざまな種類がある。それぞれに調べられる病気があるが、どの検査でも、染色体の病気である13トリソミー・18トリソミー・21トリソミーの3つは発見することができる（1）。したがって、今回はトリソミーと出生前診断・人工妊娠中絶を軸にした。

〔新型出生前診断（NIPT）〕

先ほども触れたが、NIPTは母体からの採血だけで検査が済み、安全性が高い検査である。また、検査の手順も簡単で、加えて従来の血液による出生前診断よりも精度が高い。現在日本で採用されている一般的なNIPTは、先述の13トリソミー・18トリソミー・21トリソミーという3種類の先天性疾患の疑いについてのみ調べられるものである。しかし一方で、海外ではNIPTの技術が進んでいる。たとえば、インドネシアでは上記3種類以外にX、Y染色体の異数性や、欠失症候群などの先天性疾患の検査が可能である。また、アメリカやイギリス、ドイツなど、NIPTが一般的な検査としておこなわれており、保険が適用されている国もある。しかし一方、日本でNIPTは保険適用外であり、検査費は全額自費負担となる。これらから、海外は日本よりもNIPTが進んでいると言える。

〔遺伝カウンセリングの日米比較〕

では、なぜ日本では、外国と比べてＮＩＰＴが一般的でないのだろうか。そもそも、ＮＩＰＴは選択的人工妊娠中絶（障害などが見つかったために中絶を選ぶということ）につながるものとされている。したがって、検査前後には十分で非指示的なカウンセリング、つまりカウンセラーが患者の話をすべて肯定したりするカウンセリング（３）をする必要がある。また、それに基づいて、妊婦本人がした選択が保証されなければならない。

遺伝カウンセリングについて調べると、海外と日本のあいだには大きな違いがあることがわかった。たとえばアメリカでは、日本と違い遺伝カウンセリングが通常の医療行為の一部として扱われている。そのため、さまざまな分野において、遺伝カウンセラーによるカウンセリングや専門医の診断などがおこなわれている。また、遺伝カウンセリングや一部の遺伝学的な検査などは、すべて健康保険適応となっている。また、健康保険に入っていない人でも、必要性があれば公的な予算から費用が出る（４）。

一方、日本ではごく一部の場合以外、遺伝学的検査は健康保険に適応していない。加えて、遺伝カウンセリングの費用も受診者が負担することが多い。また、大半の人は遺伝的な疾患についての事足りる説明を受けることがない。

他にも日米で異なる部分がある。アメリカには、遺伝カウンセリングをおこなう専門職として、医師でない遺伝カウンセラーがいる。彼らは、長時間のトレーニングを受け、豊富な知識や技術を持つ。一方、日本で主に遺伝カウンセリングをおこなうのは臨床遺伝専門医という専門医である。現在は、約1000人が臨床遺伝専門医として認定されている。しかし、この資格を持っていても、日本で十分な遺伝カウンセリングをおこなうことは難しい。その原因には、病院に遺伝カウンセリング外来がほとんどないこと、医師がカウンセリング時間を十分にとれないことなどがある。遺伝カウンセラーも一応は存在するが、臨床遺伝専門医のカウンセリングを補佐する立場であることが多い。また、臨床遺伝専門医にも違いがある。アメリカの臨床遺伝専門医は、資格取得に難関な試験に合格する必要がある。しかし、日本の遺伝カウンセリングにはそのような統一された基準がないため、日本の臨床遺伝専門医の知識や経験は個人で差がある。以上から、アメリカと比較して、日本の遺伝カウンセリング体制は不十分だとわかる（4）。この不十分さが、日本でNIPTが一般的でない理由のひとつだと考えられる。

〔日本の出生前診断と人工妊娠中絶〕

日本において、出生前診断はあまり普及していないようである。NIPT Japan株式会社のサイトには、「日本では、妊婦に対し出生前診断の存在を知らせなかったり、妊婦が希望しても受けさせなかったりと、出生前診断に対する体制は現在でも充実しているとは言いがたいのです」との記述があった（5）。

では、人工妊娠中絶はどうだろうか。日本での人工妊娠中絶については、ふたつの法律が絡んでいる。ひとつ目は、刑法の堕胎罪で、日本で堕胎は原則違法となる、というものである。しかし、現在、堕胎罪の適用は機能していないようだ。ふたつ目は、母体保護法である。かつて日本には優生保護法という法律があった。この法律では、強姦、母体の健康、ハンセン氏病、精神病、遺伝病、経済的理由に当てはまる場合には堕胎罪は適用されなかった。母体保護法は、この優生保護法の、適用除外要件の一部を引き継いだもので、医師の認定、夫の同意、妊娠22週未満という条件が満たされていれば中絶することが認められる、とされている。ただ、実際は、妊娠22週未満という条件に当てはまれば合法的に中絶することができる（5）。

［海外の出生前診断と人工妊娠中絶］

海外の出生前診断と人工妊娠中絶に関しては以下のとおりである。

▼イギリス

・出生前診断——1990年に「ヒト受精・胚研究法」が制定されたが、出生前診断を直接的に規制する条項はなかった。2004年以降にダウン症候群等を診断するための、国家的スクリーニング事業が実施された。

・人工妊娠中絶——1967年に、他の欧米諸国に先駆け「妊娠中絶法」が制定された。この法律では、妊娠24週未満の段階で、妊娠継続のリスクが中絶したときより高い場合、という条件で中絶が認められている。それ以後は、さらに厳しい条件のもとで認められている。例として、「生まれてくる子に重篤な障害につながる心身の異常が生じる重大なリスクがある場合」というものがあげられる。2011年には、出生前診断でダウン症候群が判明した胎児の約9割は中絶された、とのデータがある（6）。

▼フランス

・出生前診断——1994年に「生命倫理法」が制定された。これでは、出生前診断を「胎児の重篤な疾患を発見するための医療行為」と定義し、事前の遺伝カウンセリングが必要とされた。2004年には、遺伝カウンセリングをおこなう遺伝カウンセラー職についての規定が追加された。

・人工妊娠中絶──1975年、「妊娠中絶法」が定められた。当初、中絶は妊娠10週まで原則容認されていた。しかし、2001年の改正で12週にまで延長された。また、期間にかかわらず、妊婦の健康状態に重大な危険が及んだり、胎児に不治の重篤な疾患がある可能性が高いと認められる場合は中絶することができる（6）。

▼イタリア

・出生前診断──特段の法的規制はない。

・人工妊娠中絶──厳格な堕胎罪条項が残っていたが、1978年には「母性の社会的保護と任意の妊娠中絶に関する法」が制定された。妊娠から90日間は、中絶が原則容認された。それ以降も、胎児の異常によって、妊婦に身体的・精神的な危険がある場合は認められた。このように、法律では容認されているが、イタリアで信仰する人が多いカトリックの宗教的な側面から、中絶を反対する人も多い（6）。

▼インドネシア

・出生前診断―13・18・21番染色体疾患以外にも、モノソミーXなどのX・Y染色体の異数性や欠失症候群も調べることができる。

・人工妊娠中絶―2014年に法律上認められた。しかし、インドネシアはイスラム教徒が多いため、イスラム教の教義に反するという声もある（7）。

▼タイ

・人工妊娠中絶―性犯罪に巻き込まれた場合など限定的に認められるが、それ以外は認められていなかった。仏教国のため中絶に反対する人も多い。また、中絶することで、妊婦だけでなく相手側の男性も罪に問われることがある（8）。

▼アイスランド

・出生前診断―2000年代初めに導入された。

・人工妊娠中絶―ダウン症候群の陽性結果を受けた女性の、ほぼ100%は中絶を選んでいた。1年間に生まれるダウン症の子どもはわずか1〜2人ほどである（9）。

【論文 表A】出生前診断で発見される染色体の病気

	21トリソミー	18トリソミー	13トリソミー
身体的特徴	特徴的顔貌 発育障害	発育障害	発育障害
合併症	心疾患 消化管奇形	心疾患	心疾患
寿命	50～60歳	90%は1年以内 （胎内で亡くなることが多い）	90%は1年以内 （3～4ヵ月が平均寿命とも言われる）

［トリソミーとは］

トリソミーとはある染色体の数が通常と異なる先天性疾患である。具体的には21番染色体が3本になるダウン症候群（21トリソミー）、18番染色体が3本になるエドワーズ症候群（18トリソミー）、13番染色体が3本になるパトー症候群（13トリソミー）の3つがある。トリソミーは、身体的特徴として発育障害、合併症として心疾患などが見られる。特に21トリソミーは消化管の疾患を有することがあるほか、18トリソミーと13トリソミーは寿命が短い（上の表A）(10)。

［高齢出産の増加］

高齢出産とは、35歳以上の母親が出産することである。211ページの図Aは、第一子を出産した母親の年齢を表したものだ。これを見ると、母体年齢が20代以下の出産が減少している一方、高齢出産が年々増加していることがわかる。2009年には30代以上の出産が半数近くを占めており、晩産化の進行が読みとれる。

〔高年妊娠と染色体異常の関係〕

日本で増加している高年妊娠や高齢出産にはさまざまなリスクがあるが、そのひとつに先天異常がある。213ページ図Bは2007年から2012年に集計された高年妊娠での羊水検査結果を示している。これによると、常染色体数的異常の検出率が母体年齢の上昇につれて、急激に増加している。つまり、高年妊娠・高齢出産の増加に伴って、染色体数的異常が見られる子どもが生まれる確率も上昇していると考えられる。

〔経済的な事情〕

障害児を育てる母親に対しておこなわれた調査がある。この調査では、母親の就労率やその世帯収入が調べられた。

【論文 図A】全国　年齢別第1児出産人数

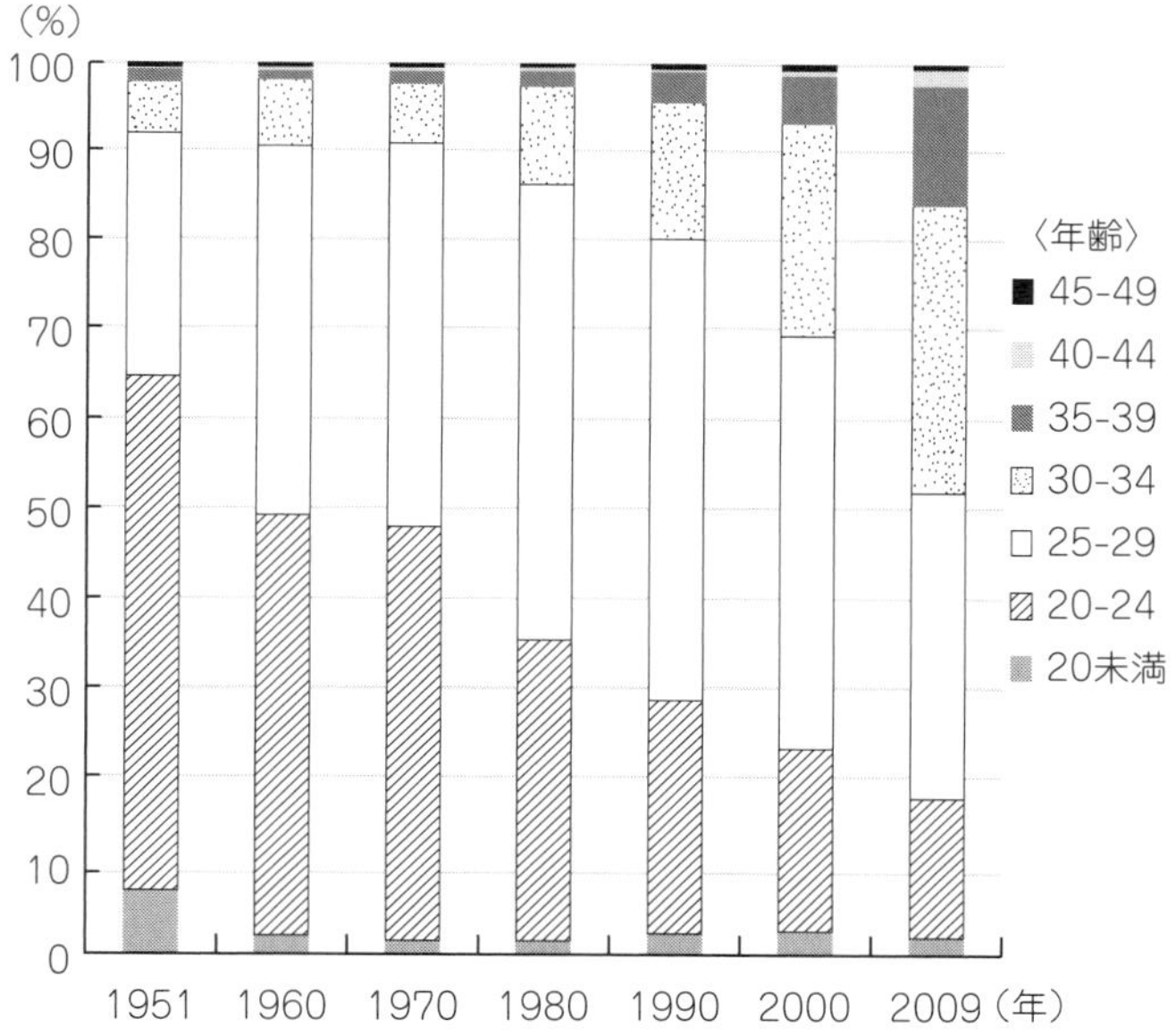

出典　「母子保健の主なる統計」母子衛生研究会 編、厚生省児童家庭局母子衛生課 監修

障害児を持つ家庭の母親（平均年齢43歳、6割が40代）の就労率は55％であった（215ページ図C）。一般の、40代で配偶者がいる女性の就労率（68・5％）と比べると、障害児家庭の母親の就労率ははるかに低いことは明らかである。考えられる原因として、学校の放課後や休日に、子どもの面倒をみなければならないこと、通院の世話をしなければならないことなどがある。それらによって、仕事に割く時間が十分に確保できないのだろう（13）。

世帯収入について、このようなデータがある（215ページ図D）。障害児家庭において、年間世帯収入が500万円未満の世帯の割合は55％である。一方、一般児童世帯における比率は34・9％である。障害児世帯における割合が高いことは一目瞭然だ。また、この調査対象の障害児世帯において、母子家庭は19世帯あり、その内の17世帯は、世帯収入が500万円未満であった。以上から、障害児を持つ家庭は経済的に困難があるが、特に母子家庭における困難が大きいとわかる（13）。

［男女の産み分けについて］

本来、出生前診断は、胎児が先天性疾患に罹患しているかを調べることを目的としておこなわれる。しかし、これが日本で現在より普及すれば、異なる目的を持って検査を受ける妊

【論文 図B】母体年齢と染色体異常検出率

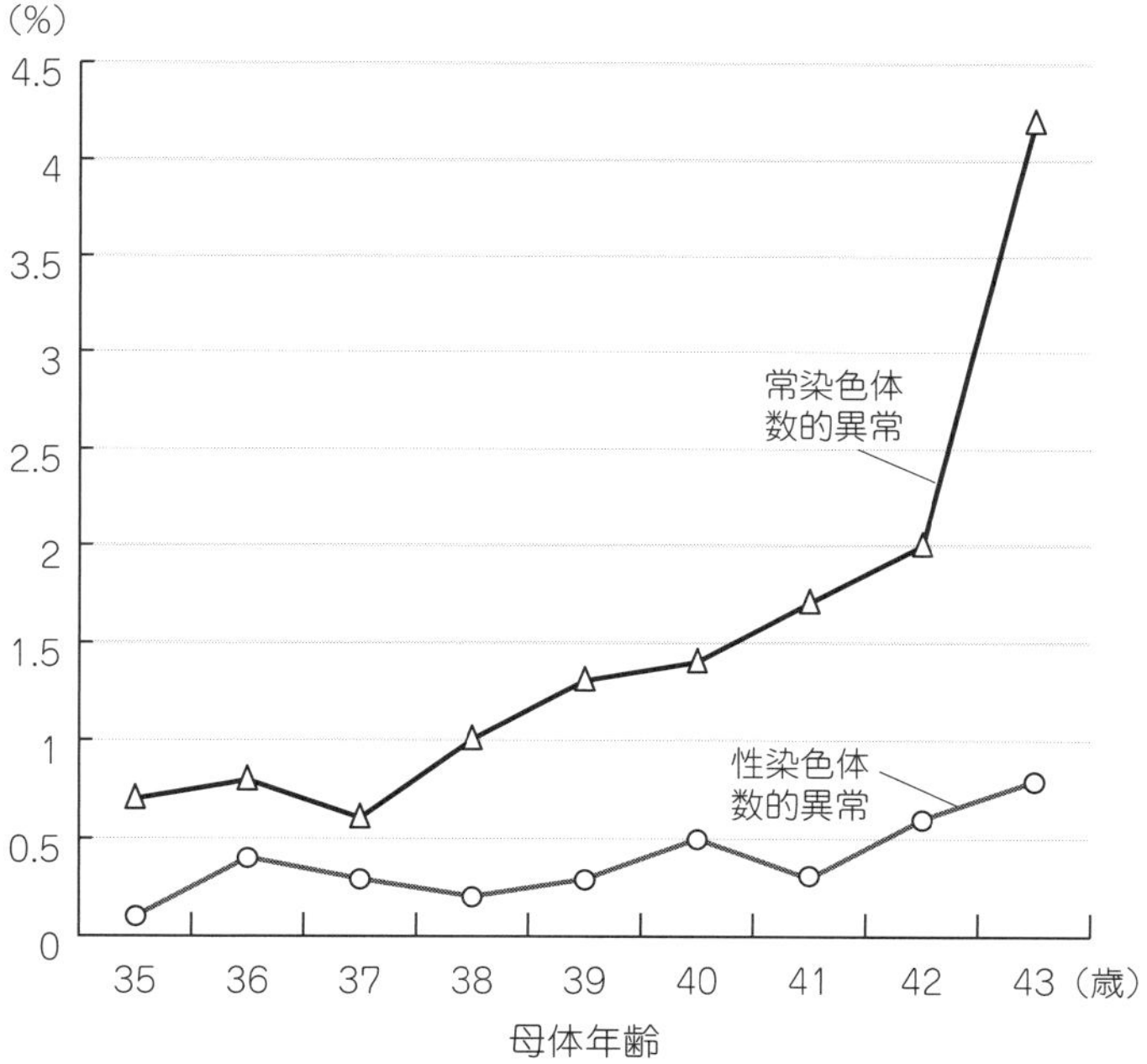

母体年齢（高年齢化の影響）

△印の常染色体数的異常は増加する。一方、○印の性染色体数的異常はそれほど増加しない。近年の出産年齢の高年齢化に伴って増加する先天異常は、常染色体数的異常が主体。

出典　「出生前診断」公益社団法人日本産婦人科学会（平成30年5月10日)。昭和大学医学部産婦人科学講座・関沢明彦

介する。

婦が増える可能性がある。それは、「男女の産み分け」である。その例として、インドを紹介する。

宗教的な影響か、インドでは女性の立場が著しく低い傾向にある。それは、多額の持参金がなければ嫁に行けないという、女性側は圧倒的に不利な「ダウリー」や、夫が火葬される際に妻も共に殉死するという「サティー」などの慣習に現れている。このような性差別的な慣習は国が禁止しているのだが、一向になくなる気配はない。インドの夫婦は、娘よりも息子を求めているのだ（14）。

お腹の子が女児だとわかれば中絶をする妊婦が多いことは、現在のインド国内で起こっている問題のひとつである（15）。マハラシュトラ州で実施されたとある研究によると、8000人の中絶された胎児のうち、7999人は女児だったそうだ。このような事例が多発したため、国は医師が妊婦に胎児の性別を告げることを違法とする法律を制定した。しかし、これでは解決しなかったのである。出生前診断はインドでもおこなわれているのだが、この検査結果で性別が判明してしまうのだ（16）（17）。矛盾した話ではあるが、事実である。これまでの流れから想像するのは容易だが、インドでは、出生前診断で性別を知って中絶するという現象が起こっている。まさに、出生前診断が「男女の産み分け」のキーワードとなっ

【論文 図C】障害児を育てる母親の就労率

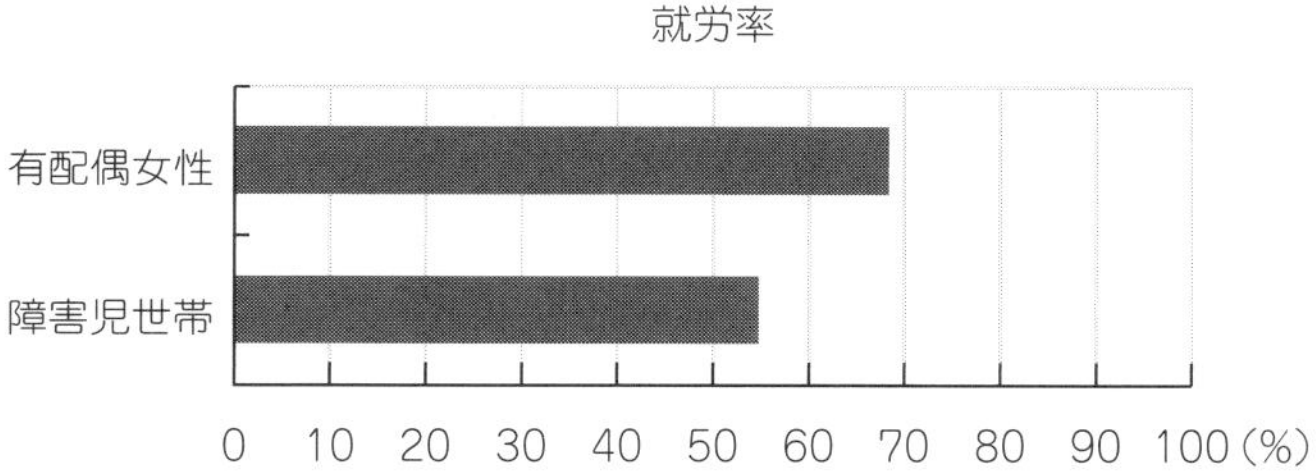

【論文 図D】障害児を育てる母親の世帯収入

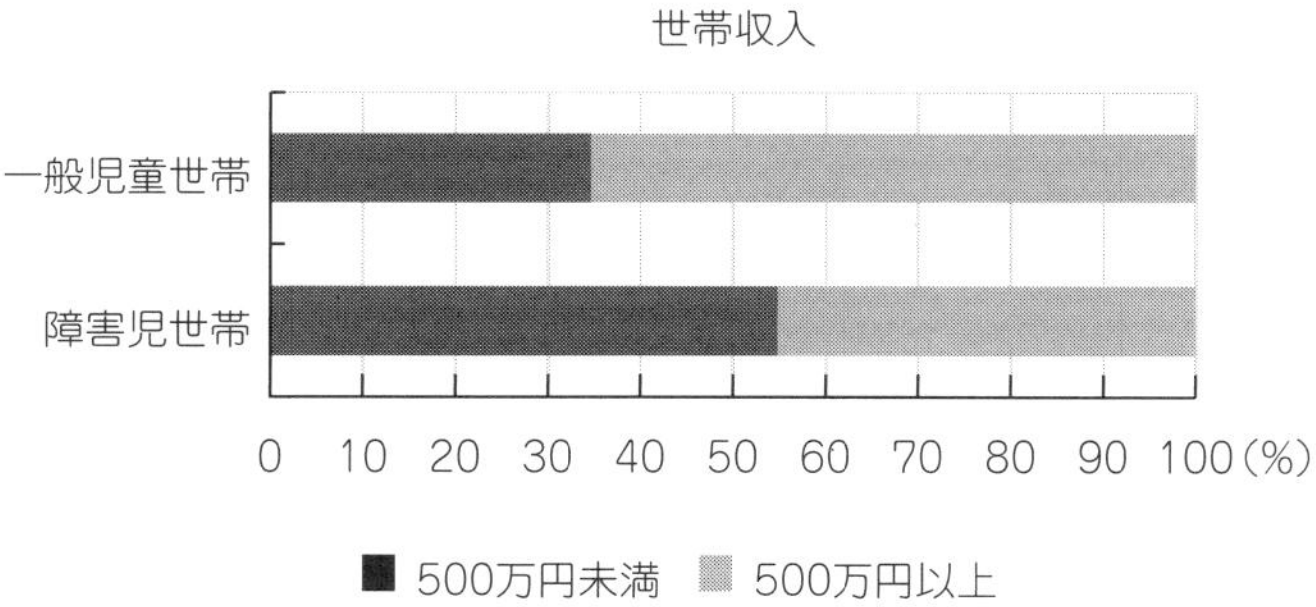

出典 「障害児を育てる家族における母親の就労の制約と経済的困難 ―障害児の母親を対象とした質問紙調査より―」江尻桂子・松澤明美、茨城キリスト教大学紀要第47号

ているのだ(14)。

では、出生前診断が広まり受検者が増えれば、日本もインドのように、産み分けは進むのだろうか。そもそも、男女の産み分けは宗教的なかかわりから、アジア独特のものとされている。確かに、日本もかつては、女性の立場が男性よりかなり低い時代があった。そのころにいまのような出生前診断があったなら、日本の男女比は差が大きく開いていたかもしれない。しかし、現在は男女雇用機会均等法や男女共同参画社会基本法のようにさまざまな法律が整備され、その差は確実に縮まってきている。したがって、現代の日本といまだに男女差別が根深く残るインドは、女性の権利が保障されているという点で異なるのだ。たとえ、出生前診断がいまより普及したとしても、日本で女性が軽んじられる可能性は低い。以上から、出生前診断の受検数が増えたとしても、日本で産み分けは進まないと考える。

〔優生主義〕

出生前診断や人工妊娠中絶というものの基盤として、新優生主義がある。これにはふたつの種類がある。ひとつは、出生前診断の結果によって胎児の選別を認める消極的優生主義である。もうひとつは、遺伝子操作を積極的におこなうことが望ましいとする積極的優生主義

【論文 表B】ダウン症の人を対象におこなったアンケート

このデータから、ダウン症の人は、自分の人生に満足していることがわかる。

	毎日幸せに思うことが多い	仕事に満足感を感じる
はい	71.4%	66.0%
ほとんどそう思う	20.4%	21.7%

である。この積極的優生主義は、先天性疾患などを排除して社会の質を高めようとする考えを持っている。こうした思想は障害者への偏見を生み、障害者を生きづらくしてしまう。障害者を幸福の妨げだと考えるそのような思想がある一方で、障害者本人は、自分を不幸だと思っているのだろうか。

２０１６年、12歳以上のダウン症の人を対象に、あるアンケートがおこなわれた（上の表B）。結果は、「毎日幸せに思うことが多い」と「仕事に満足感を感じる」という質問に「はい」「ほとんどそう思う」と答えた割合を合わせると約90％であった(19)。

このデータから、ダウン症の人は、自分の人生に満足していることがわかる。

［2度のダウン症］

樋口好美さん・貴彦さん夫婦は、ダウン症のある胎児の妊娠を2度経験し、それぞれ違った選択をした。そのため、ダウン症があるとわかった子どもを産む人と産まない人、どちらの気持ちも理解し、つぎのように述べている。「産むこと、産まないこと、どちらかを人にすすめる気はまったくありません。出生前診断については、これが正しいことで、あれは正しくないといった話はしてほしくありません」。

ひとり目の子どもを妊娠し、出生前診断が陽性だと判明したとき、ふたりの話し合いは平行線だった。妊娠した子は産むのが当然だと考える好美さんと、自分たちが亡くなったあとのことを心配する貴彦さんは限界まで話し合った。結局、「生まれてきた子どもを愛せる自信がない」という貴彦さんの発言に、言い返せなかった好美さんが折れるかたちとなり、ひとり目の子どもは中絶することになった。ふたり目の子どもが同じく陽性と判明したときには、ひとり目のときとは異なり、自然と意見は一致した。好美さんには、1度目のような悲しいお産はしたくないという思いがあり、貴彦さんは、好美さんの苦しむ姿を見ていられなかったからである。結果ふたり目は出産することになった。2度、産むか中絶するかの選択を迫られた好美さんはつぎのように答えた。「親は障害児を産むとか産まないとか悩んでいますけれど、子どもは、自分の命をかけて、もっと深いことを親に教えているんではないかと思います」。樋口さん夫婦は、選んだ選択に後悔せず、ふたり目の子どもはすくすく育っているそうだ（20）。

考察 高齢出産のデータから、日本では今後も高齢出産が増加するだろうと予測できる。また、それに伴って、染色体異常を持つ子どもが生まれる確率が高まる。障害児を持つ家庭の世帯収入などのデータで見たように、障害児を育てるには大きな負担がかかってしまう。また、母子家庭である場合には、さらにその差が顕著に表れる。このことから、出生前診断をおこなってその結果を受けて中絶を考えることは認められるべきだろう。しかし、日本は海外と比較して、出生前診断が普及しているとは言えず、実施率は低い。また、出生前診断の中でも、安全性や精度が高いNIPTが特に一般的ではない。このような現状から、日本では出生前診断をおこなうという選択肢がとりづらいと考えられる。したがって、妊婦やその周囲の人が、出生前診断、そしてそれを受けて命をどうするかの判断を下す際の知識を提供する、遺伝カウンセリング体制を充実させるべきである。ただ、出生前診断とそれに伴う人工妊娠中絶により起こりうる問題も無視できない。

　出生前診断で性別が判明することから、それによる男女の産み分けが起こる可能性がある。産まれる子どもの男女比が大きくなれば、数十年後に悪影響を及ぼしかねない。ただし男女の産み分けが広くおこなわれているインドと日本を比較すると、日本ではインドほど女性差別がない。その理由のひとつは、男女雇用機会均等法など、法律で女性の権利が保障されていることだと考えられる。以上から、女性の立場が低いことが原因で起こる産み分けが日本で進む可能性は低いだろう。

　他にも、出生前診断の結果おこなわれる中絶が増加した場合、ダウン症の人々がより少数派となり、彼らへの偏見が大きくなれば、迫害へとつながる可能性がある。そうならないためには、何らかの対策が必要となるだろう。ダウン症の人におこなったアンケートの結果などから、ダウン症の人々やその親は、障害にかかわらず幸せに生活しているとわかる。したがって、正しいダウン症の情報を、教育や遺伝カウンセリングを通じて妊婦やその家族に知ってもらうことが効果的であろう。また、アイスランドでは、出生前診断で胎児のダウン症が判明した妊婦のほぼ100%が中絶を選んだというデータがある。アイスランドの今後を注意して観察することは、日本の将来を考える手助けになるはずだ。

「出生前診断と人工妊娠中絶」参考文献

（1） 兵庫医療大学　片田千尋など『出生前診断についてキチンと知っていますか？　～検査を受ける前に理解を深めるサポートブック～』

（2） 水谷徹など「障害児の出生前診断の現状と問題点」

（3） ケア資格ナビ「カウンセラーになるために…知っておきたい3大カウンセリング手法」

（4） 一般社団法人日本家族計画協会「遺伝カウンセリングの日米比較」

（5） NIPT Japan株式会社「出生前診断に関する倫理的問題」

（6） 国立国会図書館Issue Brief「諸外国における出生前診断・着床前診断に対する法的規制について」

（7） 八重洲セムクリニック・奥野病院　NIPT予約センター「海外のNIPT（新型出生前診断）と日本のNIPTの違いは？　海外の現状なども交えて解説」

（8） タイのビジネスニュース「バンコク週報」「中絶の刑法条文改正へ　妊婦だけでなく相手の男性にも刑罰適用」

（9） TheLibertyWeb「アメリカでダウン症の堕胎禁止へ　アイスランドではほぼ100％が堕胎」

（10） GeneTech株式会社「先天性疾患（染色体疾患）とは」

（11） 公益社団法人日本産婦人科医会、第54回記者懇談会、幹事・奥田美加「分娩時年齢の高年齢化 現状と問題点」

（12） 昭和大学医学部産婦人科学講座、関沢明彦「出生前診断」

（13） 江尻桂子など「障害児を育てる家族における母親の就労の制約と経済的困難 ―障害児の母親を対象とした質問紙調査より―」

（14） 桜美林大学国際学部国際学科「インドにおけるジェンダー問題－女性の地位向上を目指して」

（15） CNN.co.jp「インドで続く女児中絶、活動団体が潜入作戦で告発」

（16） ぐるぐるグルガオン@インドで出産＆子育て日記「インドで新型出生前診断（NIPT）を受ける」

（17） EPARK くすりの窓口「赤ちゃんの性別は簡単に教えてはいけない？性別判定方法と時期」

（18） 柿本佳美「中絶の自由は選択的中絶を含むのか？ ―優生主義とジェンダー」

（19） 日テレNEWS24「ダウン症のある人『幸せに思う』90％以上」

（20） 河合蘭「２度のダウン症妊娠『産む』『産まない』両方の決断をした夫婦の思い」

さらなるレベルアップを目指すために

概要と考察を読み比べてもらうだけで、ずいぶんとよくなったのがわかるかと思います。こういうのを見ると、本当にうれしくなってしまいます。もちろん完璧ではありませんが、及第点は大きく上回っています。少しずつ、補足、あるいは、注文を書いておきます。

まず概要ですが、ずいぶんと読みやすくなっています。出生前診断と人工妊娠中絶は必要である、から、選択肢は残すべきである、と控えめにしてあるのがとてもいいです。ボリュームも倍くらいになって、論旨も追いやすくなっているのがわかります。序論はもう少し長くしてほしいところですが、一般に興味の持たれているよく知られたテーマなので、これくらいでいいかもしれません。

つぎは本論です。出生前診断という大枠から新型出生前診断へ、大きなフレームからターゲットポイントへと流れもスムーズです。「トリソミー」という言葉が出てきますが、あまり知られていないでしょう。あとに「トリソミーとは」という項目がせっかくあるのですから、これを前のほうに持ってきて、出生前診断と新型出生前診断のあいだ、あるいは、新型出生前診断のあとに入れてほしかったところです。このあたりはＫＪ法を利用したら気づくはずなので、少し残念でした。それから、あとでダウン症についての記述があるので、ダウン症はトリソミー21である、という注釈も入れておいたほうが親切です。こういったことは、誰もが知っている常識だと思わずに、知らない人もいるという前提で書くべきです。

新型出生前診断が日本ではあまり一般的ではない、とありますが、ちょうどこの論文を書いてもらっているころに、日本産婦人科学会が新型出生前診断を実施できる施設数を拡大するという指針を出しました。遺伝カウンセリングを受けることができる認定施設だけと決められていたのですが、必ずしも守られておらず、美容クリニックなどを中心に認定外の民間施設が増えてきたというような問題があっての指針変更です。なので、これからはどんどんと新型出生前診断が増えていくと予想されています。先に書いた、検査を受けて結果次第で中絶を望む人の割合が25%だとどうだろう、75%だとどうだろう、というように考えてみるのがとても有効だったはずです。

このような事情ですから、新型出生前診断に必要だからということで遺伝カウンセリングの話へという流れはスムーズです。そして、出生前診断と人工妊娠中絶の話へ、日本と海外の状況が紹介されています。日本の母体保護法は、かつての優生保護法への反省から、胎児条項がありません。すなわち、胎児の異常を理由とする人工妊娠中絶については書かれていないのです。しかし実際には、出生前診断の結果に基づいた人工妊娠中絶はおこなわれています。医学の進歩に法整備が十分追いついていないと考えざるをえない状況です。こういったことはかなり本質的な問題なので、ひとこと付け加えてほしかったところです。

ここで大きくトピックスが変わって、高齢出産や障害児家庭の経済的な事情へと入っていきます。項目分けがされてはいるのですが、もうひとつ上の階層として、「出生前診断と遺伝カウンセリング」「出生前診断と人工妊娠中絶」、そして「高齢出産と染色体異常」というような大項目を設けたほうがわかりやすくなったはずです。

他のグループでは、章を立てて、その下に項目分けをしているところもありました。論文の書き方で「セクション分けをして」というのは、階層的に分けてもらいたいというつもりだったのですが、説明不足だったかもしれません。ついでに言っておくと、3つのグループのうち2つがメインタイトルだけでサブタイトルをつけなかったのはちょっと残念でした。

ここからあとの項目は少し細切れ感があって、「経済的な事情」「男女の産み分けについて」「優生主義」「2度のダウン症」になっています。さて、あなたなら、どんな順番で並べますか？　これもクリティカルリーディングです。この文章ではこういうふうに並べてあるけれど、細切れだし流れが悪いから、私ならこうするというように考えてみたらいいのです。もちろん、このような並べ替えにはＫＪ法が有効です。いい機会なのでカードに書いてトランプみたいに並べてみてください。

つながりでいくと、まず、「2度のダウン症」は、「高齢出産と染色体異常」の大項目に入れればいいでしょう。それから、「優生主義」というタイトルの項目は、内容の半分はダウン症の人の人生満足度なので、「2度のダウン症」の後ろにつけるとよさそうです。

私なら、最後の大項目として「滑りやすい坂に気をつけながら」といったちょっとおしゃれな（?）タイトルをつけて、「経済的な事情」と「男女の産み分け」を入れます。そして、「経済的な事情」もあるので出生前診断と人工妊娠中絶を認めざるをえないが、「男女の産み分け」は行きすぎだろう、というように論を進めていきます。

以上をまとめると、つぎのような構成になります。もちろん、構成の変更にともなって、つなぎの部分など、文章を少し変更する必要が出てきます。

1．出生前診断と遺伝カウンセリング

出生前診断

新型出生前診断

遺伝カウンセリングの日米比較

2．出生前診断と人工妊娠中絶

日本の出生前診断と人工妊娠中絶

海外の出生前診断と人工妊娠中絶

3. 高齢出産と染色体異常
トリソミーとは
高齢出産の増加
高年妊娠と染色体異常の関係
2度のダウン症
優生主義

4. 滑りやすい坂に気をつけながら
経済的な事情
男女の産み分け

大項目をつけることと並び替えることで後半の流れがものすごくよくなると思うのですが、いかがでしょう?

さて、これで14回の授業は終わりです。文科省の指導で、授業は半期あたり15回になっています。最終回は、みんなで食事をしながらの総評、という予定だったのですが、新型コロナウイルス感染症のせいで、これを書いている時点ではまだ果たせず、延期になったままです。まだ一度も会っていない教え子たちですが、ひとりの落伍者もなく、本当によくやってくれました。

ありがとう!

第七章

授業終了

みんなの感想、
ちょっと自画自賛、
そして最後の指導

みんなの感想文　さてどんなコメントが？

最終回にはみんなに感想文を提出してもらいました。依頼文はつぎのとおりでした。

このゼミの感想文、お願いします。長さは800〜1000字程度。よかったこと、おもしろかったこと、とか、もっとこうしたかったとか、ここが物足りなかったとか。いいことばかりでなく、改善すべき点もぜひ書いてください。もちろん、なかったらいりません。できれば、最終回の前日までに。よろしくお願いします。

14名のコメント、すべて紹介したいところですが、長くなりすぎるので、代表的なものをかいつまんで抜き出してみます。それでも多すぎるかもしれませんが、ゼミの雰囲気がよくわかってもらえるかと思います。まずは、このゼミを選んだ理由について、から。

〈仲野ゼミを志望した理由〉

●この授業が、自分で情報を集めてまとめて学ぶということを学べると思ったからである。情報を集めて学ぶという行為は、どの分野にでも共通することで大事なことだと思ったので、この授業を選ばせてもらった。（林）

●このゼミの内容を書籍化するかもしれないと聞いたからである。本の出版にかかわるというのは、自分で何か作品を書いたときぐらいしか経験できないものであり、そのような貴重な機会があるならばぜひ参加したいと思い受講を決めた。私が特別何かをしたというわけではないが、この本は常に持ち歩き、自慢話のひとつにしようと思う。（上長）

●この授業をとった理由のひとつに、仲野教授にお会いしたかったことがあります。あるとき、私が毎週録画している番組に、教授が出演されていました。そのときの教授のお話がおもしろかったため、大阪大学に合格することができたら、ぜひお会いしたいと思っていました。決定するまで、抽選漏れしないかとそわそわしていましたが、無事に受けることができてうれしかったです。（井上）

●経済学部に入ったので、「学問への扉」も文系のゼミを選ぼうと思っていました。実際、自分の希望順位が高いものはほとんどが文系のゼミが占めていました。一通り選んだあとで何の気もなしに選んだゼミがこの「健康と医学を考える」でした。これに決まったときは最初非常に不安でした。（白谷）

●この授業は履修希望では下位に登録していたものなので、最初これに決まったときじつはあまりうれしくなくて、どうしようかと思いました。(藤原)

●高校の友達と相談して同じものを受講できるように履修を申し込んだ。この授業をとりたいと言ったのは私ではなく友達で、私は別の授業が第一希望だった。罰が当たったのか見事に抽選が外れて私は友達が希望していたこの授業に、友達は私が希望していた授業になってしまった。(山口)

●軽い気持ちで選択しました。しかし実際に授業が始まると、急にプレゼンの準備と論文を書くことになり、論文などいままで触れたこともなかった僕は、「優しくておもしろそうな先生なのに出す課題は鬼やん」と感じていました(笑)。(濱野)

林君のようにモチベーションの高い学生から、上長君、井上さんのようなちょっと斜めからの志望、それから、藤原さん、山口君のようになんとなくイヤイヤ系まで、さまざまです。最初に予想したとおり、第一希望の人ばかりではありませんでした。

「知識ばかり詰め込んできた高校の勉強とは違っていた」

〈個人テーマのプレゼンについて〉

●何回も練習して、ひたすら調べたり、考えたりをほぼ毎日していました。そうしている最中にどんなデータを集めたらいいかなどがどんどん湧いてきました。いろいろ試行錯誤して、最後のプレゼンテーションは録画をしてみて、伝え方や話し方も工夫しました。何回もやっていたら自分でも前よりとてもわかりやすいものができた気がします。苦労し時間をかけた分、自分も成長できた気がします。（篠原）

●中間発表のときに練習不足で原稿が飛んでしまったのは、とても反省しています。もう少し内容をスライドに書いておくべきだったと思います。初めてスライド作りから発表まですべてひとりでしましたが、多くの失敗を含めよい経験になりました。（高野）

●プレゼンテーションは中学高校でもやっていましたが、やはり差を感じました。論文と違っていかにオーディエンスの注目をひきながら、データの部分をしっかりと見せるかというところに苦戦しました。グラフや文字の大きさなど細かいところにまで気を遣わなくてはならないというのが決定的な違いでないかと思います。（白谷）

●いくつかあったデータから、スマートな流れとなるよう選ぶ作業が楽しかったです。人の発表のいいところをもらって、もう少しわかりやすく、わかりやすく、と考えてやってました。はじめは方向性がバラバラのデータの持ち寄りになっていたと、振り返ったらわかります。自分の個人発表はわりかしうまくいった実感があるのであまり反省は出てこないという怖めの振り返りになります。（内藤）

〈個人テーマの論文について〉

●いままで書いたことがなく、何も知らないような状態からの学習だったので、形式などの当たり前のようなことから、一段落にひとつの内容を書くなど、論文を書く上で重要なことを学べた。パワーポイントも論文も今後の大学生活で大事になってくると思うので、大学の授業の始めにこの授業をとることができてよかったと思う。（林）

●プレゼンと違い論文は書いた経験がなかったが、仲野教授の助言のもとで情報収集だけでなく集めた情報のつなげ方も意識し、何とかかたちにすることができた。プレゼンと論文は受講者全員で批評しあったが、自分にはなかった視点からの意見をいただき、とても参考になった。（上長）

●一回目は字を大量に羅列したり、パラグラフごとにタイトルを設定していなかったりと、先生のアドバイスや他の学生の論文を見聞きして改善しなければいけないなと実感しました。また、執筆中は気づかなくても、一旦手放すと第三者の立場で自分の論文と向き合うことができ、根拠の甘さ、理論の矛盾などさまざまな抜け穴があとになって露呈してきて自分でも驚きました。（藤原）

●他の授業の課題のレポートでは、提出するだけでフィードバックをいただけず、他の人のものと比べることもできないことがほとんどでしたが、この授業ではどちらもすることができて参考になることが多かったです。（山崎空）

●高校で知識ばかり詰め込まれ、自分で考える力がほとんどない私にとってさまざまなデータから考察するのは、たかだか2000字だとしてもかなりきつかった。（山口）

●なぜ？ を3回くり返せ、というのは自分の考えに囚われず、よりものごとを多角的に見るのに非常に役に立ちました。特に個人論文においては他人の意見を取り入れることは困難なので、このような方法は画期的だと感じました。（濱野）

●論文を読み合う中で自分以外の目線の重要性を感じました。私は、自分では考えもしなかったような視点からの意見をもらいました。そういう視点もあるのか、というおもしろさがあり、なんだかわくわくしたのを覚えています。新たな視点をひとつ与えてもらうと、それまでにはなかった発想ができるようになりました。新しい考え方が刺激となって、そこからあれもこれもといろいろなアイデアが浮かぶようになりました。より多くの側面から考えることで、より深く考えられるようになったと思います。（山﨑彩可）

みんな、経験がなかったので大変だったようです。自分の視点だけではダメ、ということに気づいた学生が多いのが何よりうれしいです。慣れてきたら、自分ひとりでも、いろいろな視点から考えることができるようになるはずです。

「賛否両論あるテーマを議論するのは非常に難しい」

〈グループテーマについて〉

●自分ひとりでやるよりもいろんな意見が聞けたし、議論を深めることができました。ふだん話すことのないことを、同世代の子と話し合えるのはいい機会でした。論文やプレゼンテーションを作っていくうちに、改善したほうがよい部分は指摘しあえたし、いろいろな情報交換もできたし、とてもよかったです。（篠原）

●おたがいに助けたり、いろいろな意見が出たりなど、多くのよい部分があったと思います。協力することで、多いときは週に何度もZoomをするほど仲良くなりました。ここまでとは、正直思っていませんでした。このように、今年のような状況では特に友達づくりの大きなきっかけになりました。（高野）

●さまざまな学部の学生が受けているので、彼らにされたアドバイスは自分では思いつかないようなものが多く、参考になりました。何人かの学生がグループになって、ひとつのテーマについて考えた授業の後半でも、自分にはない論理的な考えを持つメンバーと作業ができ、おもしろかったです。（井上）

●賛否両論あるテーマについて議論するというのは非常に難しかったです。まずデータを集めたり前提知識をインプットして安楽死について賛成側と反対側に分かれて意見を交わしあいました。これをすることで議論が深まるという先生のアドバイスのもと、個人が考えるよりも多くの、そして内容のある意見が出ました。（白谷）

●勉強の合間を縫って多くの時間を割いて推敲し、自分の論理に破綻する場所はないか、相手にとって違和感が生じる場所はないか、目一杯考えました。だからプレゼンも論文も自信満々で発表しました。でも多くの時間を割いた論文やプレゼンには先生や他のメンバーからたくさんの指摘が来て、正直めちゃくちゃ落ち込みました（笑）。しかしこの意見をしっかりと受け止めて考えてみると、自分の価値観も変化していったし、その分人間として成長することができるようになったと感じることもできました。（佐伯）

●グループで考える場合は、ディスカッションなどの、数の長所を活かしてするべきであり、そのディスカッションにも、自分の賛成反対の意見を別にして、形式的にどちらかに決定することでわかることがあるなど、いろいろなポイントがあることを知ることができた。（林）

●考えたことやアドバイスを取り入れて練っていく時間が、個人のときよりも何倍もかかると感じました。でも、みんなで練ったら個人でやるよりおもしろい発表になりそうなので、もう少し時間があればなと思います。（内藤）

●グループワークではよりテーマの内容が深くなり、またその是非を簡単に決めることができないという点がとても難しかったです。グループだからこそ想定外の角度から意見を出す人もいてとても刺激になりました。なかなか話がまとまらず、どういう方向に結論を持っていけばよいか悩みに悩んで、授業外でもほぼ毎日グループで顔合わせをすることになりました。でも、自分だけで考えるよりグループのほうが話の内容にもふくら

みが出て、とてもやりがいがありました。（藤原）

●テーマが一筋縄ではいかないものであること、実際に会うことができずＬＩＮＥやZoomでの話し合いしかできなかったことからです。授業の時間以外でも何回も話し合う時間を作り、グループの人と意見を言い合いながら論文を作っていくことは、思っていたよりも手間がかかって難しいものでしたが、かたちができていったときの達成感は大きいもので、またやりがいを感じることもできました。オンライン授業の中で、グループでひとつのものを作るという貴重な経験ができました。（山崎空）

個人テーマに比べてかなり難度が高かったことがうかがえます。知らなかったのですが、時間外にもZoomで集まってディスカッションしてたんですね。負担が大きかったかと反省すると同時に、そこまでやってくれていたことには感動すら覚えます。

「課題がきつかった」と半数以上が書いたけれど……

〈その他＋要望〉

●グループワークで、会ったことのないメンバーと、臓器提供という大きなテーマで話し合えることはなかなか貴重な経験ですね。まず臓器提供についての考え方について知るという知り合い方はユニークだと感じます。（内藤）

●パワーポイントよりも論文の作成のほうがしんどかったことです。パワーポイントはプレゼンでの言いようでなんとかごまかしが効きますが、論文ではごまかしができず、表現しにくいことも文字に起こす必要があったからです。また、規定字数まで話を引き延ばすのも難しかったです。（高野）

●議論する相手となる他のメンバーたちの頭のよさにも驚かされました。彼らには多くのアイデアと技術を教えてもらい、議論を進めていく方法だけでなく、論文を書くときに役に立つ技術ももらえました。パワーポイントもその発表方法も凝った発表を見たときはすぐにこれをマネよう、って思えて自分の技術として取り込めました。（佐伯）

●準備をするときは忙しくてイヤになっていたけれど、いま思い返して見たら「学問への扉」でこの授業をとって本当によかったなと思います。（篠原）

●ゼミの中でやり方を教えていただいたことや、何度も練習する機会があったことは、とても役に立ちました。思考の仕方の面では、多様な価値観の重要性を感じることができました。（山﨑彩可）

●話し合いはコロナ禍のためリモートでしかおこなえず、おたがいの距離感がつかみづらく、円滑に議論を進めるまでに時間がかかってしまった。それでも最後のほうにはぎこちなさもなくなり、よい雰囲気で話し合いを進めることができたと思う。（上長）

考えたこともなかったけれど、内藤さんに言われるとそうですね。いきなり知り合いになるきっかけが「臓器提供」ってディープすぎます。佐伯君はみんなのことが賢く見えたと書いてますが、私から見ていると、全員が甲乙つけがたいという印象でした。同世代の仲間のいいところを尊重しあうというのは本当に素晴らしいです。

それから、新型コロナのせいでみんなに会えなかったのが残念というのも多数。私もとても残念でした。他のグループの人とあまり話ができなかったという意見も複数ありました。

論文に対してもっと厳しいコメントが欲しかったとか、もっとうまくできたと思うのでもっと時間が欲しかったとかいうのがあると、うれしくも、ちょっと意欲がありすぎとちゃうんかと心配になってしまいます。

なにしろ課題がきつかったと書いている学生が半数以上でした。たぶん、全員が感じていたのではないかと思います。それから、グループディスカッションにもっと介入してほしかった、というのもありました。これはかなり迷ったのですが、結局は放置することにしました。Zoomでなくて、実際に教室でやってたら、たぶん介入してたと思います。これらについてはつぎのセクションであらためて考察してみます。

教えた側からフィードバックさせてもらいます

さて、みなさん、いかがだったでしょう。ゼミを終わって何ヵ月かたって、この原稿を書いているのですが、学生たちの感想を読み返しているだけで、とてもうれしくなってしまいます。ゼミで受けた印象どおりのことを書いている学生もいれば、え〜っこんなこと考えとったんかという学生もいます。どちらも同じくらいうれしいことです。ひとりひとりの顔や雰囲気、話し方が思い浮かびます。

ここからは、ゼミを開講してよかったこと、ゼミの特徴、新型コロナの影響、それから、おられるかどうかわかりませんが、もしかすると同じようなゼミを企画しておられる先生に向けて、改善すべき点などについて書いてみたいと思います。

〈ゼミを開講してよかったこと〉

まず、よかったこと。これは、少し長くなりましたが、学生の感想文を読んでいただけたらおわかりいただけると思います。まずは、学生たちが楽しんでくれて、自分の成長を感じてくれたこと。こういった感想から、意図していたことのほとんどを学生に伝えることができたと自負しています。

あ、言い忘れてましたが、私は友人たちから自己肯定感の強い男として知られているというか、呆れられています。自己診断ではまったくそうではなくて、けっこうウジウジと考えたりしてるのですが、対外的にはそういうスタンスで臨んでおりますので、そこのところはご理解のほど。

とはいうものの、今回のゼミについては、予想をはるかにうわまわる出来でした。対外的な自己肯定感からというか、客集めというか、ハッタリというかで、シラバスに書籍化の可能性と書いたにもかかわらず、募集人員20名のところに14名でがっくり。しかし、これはケガの功名でした。20名だと多すぎてこれほどうまくいかなかったはずです。先に書いたような時間的な問題もありますし、14名と20名だと親密さが少し違ってくるようにも思います。

大阪大学の学生が優秀というのは、もちろんあるでしょう。でも、文章を書くのが好きとか、考えるのが好きという学生が集まってくれたわけでないことは、彼らのコメントを読めばわかります。そんな学生たちが、しんどかったけどおもしろかった、役に立ったと言ってくれるのは、教育者冥利に尽きるやないですか。

こちらが感じたのと同じくらいの手応え、いや、もしかしたら、それ以上の手応えを感じとってくれたような気がします。編集の呉さんには、いつもZoomでオブザーバー参加してもらっていました。横着で、あまり記録をまめにとらないのですが、毎回、呉さんに感想をメールで送ってたので、ゼミをしながら何を考えていたかがよくわかったのは幸運でした。

個人テーマの第一回プレゼンでは、どうなるかむっちゃ不安。でも、それに対するコメントをうけての第一回論文はかなり改善。しかし、できそうな学生と無理そうな学生がいて、かなり心配。そして再度指導。第二回のプレゼンでは、「思っていたよりも、ずっと楽しかったです。でこぼこはありますが、けっこうみんながんばってたし。この調子なら本にできるかもしれませんね」とメールしています。

そして第二回のプレゼンでは、前にも紹介したように、「前回のプレゼンに比較したら、信じられない進歩でした。みんな優秀です。あるいは、指導がむっちゃいいのか。〈自己肯定〉」と。自己肯定感が出てるのはご愛敬ですが、めざましくよくなりました。

前にも書いたように、おたがいのプレゼンを見て改善してくれたことが理由としては大きいのではないかと考えています。これにはふたつの理由があります。ひとつは、学生たちのコメントです。もうひとつは、学生たちは必ずしもこちらの言うことを聞いてくれてない、ということです。

こちらとしてはプレゼンの例とか論文の形式を指導したわけです。学生にもよりますが、よく聞いてくれて守ってくれている学生と、なに聞いとったんや！　と言いたくなるような学生がいました。それを考えると、講釈をたれる説明とか指導とかはあまり有効ではないのかもしれません。むしろ、それを咀嚼し、プレゼンや論文を介して周囲にうまく伝えてくれる仲間のいるほうが効果的ではないかというのが結論です。

それから、これは意図したものではなくて制度的にそうなっていたのですが、いろんな学部の学生が集まったというのも非常によかった点です。意見交換に重要なのは、もっと言うと、自分の考えを高めるために必要なのは、何よりも多様性です。

医学部で教えているのですが、いたしかたないとはいえ、一学年100人ちょっとの、やや均質なメンバーで6年間をすごすのはあまり望ましくないのではないかと常々考えています。自己肯定感のせいか、反省することは多くても後悔することはあまりありません。でも、自分自身の大学生活を振り返って、大きく後悔していることがあります。それは、医学部のクラブ（ラグビー部でした）に所属したけれど、全学のクラブには入らなかったことです。せっかく総合大学に在籍していたのに、本当にもったいないことをしました。

個人テーマとグループテーマ二段階の効果

〈仲野ゼミの特徴〉

すでに同じようなゼミがあったかもしれませんが、横着なので何も調べず、自分で考えてゼミのスケジュールを組みました。前に書いたように、シラバスの時点ではええ加減でしたが、いざ始まるとなってしっかり考えたわけです。振り返ってみると、仲野ゼミの特徴はふたつあると思います。ひとつは、個人テーマとグループテーマの二段階で取り組ませたこと、もうひとつは、プレゼンと論文の両方を指導したことです。たぶん、グループでのテーマならグループのテーマだけ、あるいは、プレゼンならプレゼンだけ、というようなゼミが多いのではないでしょうか。

また自己肯定ですが、間違いなく、今回のやり方は非常に有効だったと断言できます。複数の学生コメントにあるように、グループでの作業は個人作業よりもはるかに難しい。これは、やる前にこちらが想像していた以上に難しかったようです。結論の出ないテーマであったということもありますが、これも学生のコメントにあったように、真面目な問題を真剣に討論するという経験をあまりしたことがないというのがより大きな原因でしょう。

シラバス作成時には、じつは、個人テーマは予定していなくて、メンバーを入れ替えてグループワークを2回おこなうつもりで記載していました。そのような、個人テーマでのウォーミングアップなしという進め方だったら、こんなにうまくいかなかっただろうと考えています。シラバス案でやっても、1回目はダメでも2回目はうまくいったのではないかと思われるかもしれません。しかし、うまくいかなかった経験だけで2回目はできるようになるというのは考えが甘いのではないでしょうか。

というのは、これもやってみてわかったことですが、グループでの作業のほうが、はるかに指導が難しかったことも理由のひとつです。グループディスカッションでの指導、教室だと気軽にできたかもしれませんが、Zoomなのでやりにくかったという面もあります。教室ならば、ちょっとディスカッションを覗いて、軽く声をかけるというのをたやすくできたと思うのですが、Zoomだとそういうわけにいきません。また学生からも気軽に尋ねることができたはずです。ディスカッションをどう導くかにもっと介入したほうが、結論にたどり着く効率はよかったかもしれません。ただ、十分な試行錯誤をさせるのとどちらがよいかとなると、一長一短でしょう。これについては、いまだにどうしたほうがよかったか、結論が出せていません。

プレゼンと論文の違いについては、前に書いたとおりです。プレゼンだけだと、ちょっとファジーな内容でも見過ごしてしまいます。そのことを実感したという学生コメントもありました。そういった意味では、より重要なのは論文を書くことです。ただ、論文はプレゼンよりも他の人の意見を取り入れにくい。論文を読んで批評しあうというのもやったわけですが、それよりも、やはりプレゼンをさせてディスカッションのほうに軍配があがります。

論文に大事なのは論理とおもしろさ、そして何より親切心

〈文章を書くということ〉

将来、どのような職業につくにしても、論文とまではいかなくとも、論理的な文章を書く能力は絶対に必要です。なので、キャリアパスの話をするときなどは、なにしろ文章を書く技術を身につけるように指導しています。

文章を書くといっても、自分しか読まないような日記ではダメで、他の人が読んでわかる文章を書きなさい、論文とまではいかなくとも、論理の通っている文章を書く必要があると、必ずつけ加えています。いちばんいいのは、誰も読まないかもしれないけれど、ブログにアップすることとです。他人に見られるという緊張感を持って書けば、書きぶりがかなり違ってくるはずです。

お前はどうなのかと言われると、50歳くらいになるまでは、専門の総説以外、読んでもらえるような日本語の文章を書く機会はほとんどありませんでした。なので、偉そうなことは言えません。また、理系の研究者としては、英語で論文を書くことが重要な仕事です。日本語と英語では違うのではないかと思われるかもしれませんが、論理構築はまったく同じです。あるいは、日本語から英語に簡単に落とし込めるような文章こそが、言語の壁を越えたわかりやすい親切な論理であると言えるでしょう。

自慢しているようですが、と言って自慢するのですが、仲野の論文（研究に関する英語の論文です）は、中味の割にいい雑誌に掲載されると言われたことがあります。褒められてるのか貶されてるのかよくわからない噂ですが、話の組み立てがうまいからだと密かに自信を持っています。

論文で大事なのはまず論理です。つぎに大事なのはおもしろさです。おもしろく読んでもらうには、データの並べ方が大事です。よく例に出すのはトランプゲームです。同じ手札でも勝てる人と負ける人がいます。それは、カードを出す順番によって決まります。それと同じことです。もちろんデータの並べ方をどうするかには、ＫＪ法が役に立つことは言うまでもありません。

自分の文章がうまいと思ったことはありません。というか、ふつうです。でも、その並べ方には自信があります。長い年月研究をしていて培われた最大の能力かもしれません。ですから、ちょっとした文章をまとめるときには、しょっちゅう書き換えたり並び替えたりします。おそらく、最初の原稿執筆に費やす時間と、推敲にかける時間は同じくらい、あるいは後者のほうが長いくらいです。

医学部の病理学での授業では、『Robbins Basic Pathology』という教科書、英語の教科書を使っています。毎年、何万人という医学生が世界中で読んでいる定番中の定番教科書です。その教科書の長年の編者であるヴィネイ・クマー先生を日本病理学会にお招きしたことがあります。教科書の作り方について講演していただいたときに言われた言葉が、「There is no good writing, only good rewriting.」でした。「いい執筆などというものはない。いい推敲があるだけだ」とでも訳せばいいのでしょうか。さすが、重みがあります。以来、ずっと肝に銘じています。もちろん推敲のときに何よりも必要なのは親切心です。

今の大学は将来に必要な能力を教育できていない

〈大学教育のあるべき姿〉

ゼミがうまくいった理由のひとつは、間違いなく新型コロナウイルスでした。まず、Zoom授業になったことがあげられます。集まって話ができなかったというのはすごいデメリットなのですが、Zoomのほうがプレゼンのプレッシャーが少ない、それから、気軽に質問したりコメントしたりできる、というメリットがあります。すぐそこにいる人のプレゼンや論文を批評するよりも、画面越しのほうが気楽にできるという心理的な理由があるからでしょう。それに、顔がずっと映っているので、14名の顔と名前がすぐに一致するようになりました。

もうひとつは、学生たちが時間を持て余していたということです。多くのメンバーが、課題がきつかった、とか、授業時間外にもZoomでミーティングをしていた、と書いていました。ふつうの状況であれば、それだけの時間をとってくれなかった可能性が高かったように思います。

しかし、考えてみれば、このゼミのようなやり方こそが、大学での教育に求められているものではないでしょうか。たった1回のゼミ経験で偉そうなことを言うなとお叱りをうけるかもしれませんが、大学教育の問題点を少し考えてみます。

これからは、明治時代以来、学校教育で重視されてきた、知識を身につけることの重要性がどんどん低下していきます。かわって必要なのは、正しいデータやファクトを得ること、それに対してロジカルに、そして、クリティカルに考える能力です。いまの大学教育でそれらのことがおこなわれているかというと、ノーとしか言いようがありません。その理由の最大のものは、おそらく、学生は強制しないと勉強しないという思い込みです。

カリキュラムはびっしり詰まっています。自発的に考える時間がとれるとは思えません。あまり知られていないと思いますが、大学設置基準で定められている単位数は、以下のようになっています。

第二十一条　各授業科目の単位数は、大学において定めるものとする。

2　前項の単位数を定めるに当たつては、一単位の授業科目を四十五時間の学修を必要とする内容をもつて構成することを標準とし、授業の方法に応じ、当該授業による教育効果、授業時間外に必要な学修等を考慮して、次の基準により単位数を計算するものとする。

一　講義及び演習については、十五時間から三十時間までの範囲で大学が定める時間の授業をもつて一単位とする。

通常、半期15回の授業が2単位とみなされていますから、それには90時間の学習が必要です。しかし、授業の実時間は90分×15回ですから、22・5時間で、4分の1しかありません。言い換えると、単位認定には授業時間の3倍を予習・復習にあてることが前提になっているのです。そう考えると、仲野ゼミレベルの負担が文科省的には正しいのであって、他がおかしいということになります。

昔は、大学入学後、最初の2年間は一般教養課程で比較的のんびりしてましたが、いまや専門科目が前倒しになっています。大学で教えなければならないことが多くなっている、というのは理解できます。しかし、知識の詰め込みが不要になってくる時代に、そのようなやり方は、はたしてふさわしいものでしょうか。オックスフォード大学は単位制ではなく、先に紹介したような教育を週に3コマくらい受ければいいそうです。驚くほど少ないように見えますが、自分で調べたり考えたりする時間が膨大なので、非常にハードなはずです。日本の大学教育、根本的に考え直すべきだとは思われないでしょうか？

授業スケジュールの理想案公開

〈反省点とバージョンアップ〉

自己肯定感男ではありますが、もちろん反省点もあります。ひとつは、前述のようにディスカッションへの介入です。どの程度かは別として、ほったらかしはよくなかったかと思っています。それから、もうひとつは、グループ論文の指導が中途半端に終わったことです。「出生前診断と人工妊娠中絶」の最終論文を紹介しましたが、改善すべき点がまだいくつもありました。時間的な制約があったとはいえ、これはあまりよくありませんでした。

それだけか、と思われそうですが、それくらいですわ、へへへ。と、偉そうなことを言ってないで、そういった反省点を込めて、どういうふうにしたらベストかを考えてみました。

まず、人数です。90分授業だと15人がマックス、それを超えると時間的に収まりきりません。ミニマムは12人、それより少ないと盛り上がらないでしょうし、できるだけ多様な意見を聞くには最低限それくらい必要です。幸い今回は脱落者が出ませんでしたが、予習・復習というか、なにしろ課題が多くなるので、落伍者が出ても不思議はありません。なので、募集は15名がいいように思います。

スケジュールが実際にどうなっていたかを示します。255ページ表16がそれで、41ページに示した当初予定（表3）と少し違っています。

大きくは変わっていないのですが、グループテーマでの概要プレゼンが予想以上に長くて、2回に分けざるをえなかったのが誤算でした。以上のことをふまえた理想案は257ページ表17のとおりです。

最大の違いは、第2ラウンドにブレインストーミングを加えたことと、論文についての質問、感想、提案を1回増やして2回にするということです。最後の会食がなくなるのが残念ですが、まぁ、それは別の機会に時間外でも持つことにしましょう。

Zoom授業のためにできなかったのですが、ブレインストーミングはぜひやってみたかった項目です。単に意見を出し合うというブレインストーミングではなくて、ちょっと変わったやり方です。いまいち記憶が定かでないのですが、たしか、通称「オタキング」の岡田斗司夫さんに教えてもらったはずです。

わかりやすくするために、12名で3つのテーマ、A、B、Cとしましょう。それぞれのグループにはリーダーを決めておきます。そして、机には模造紙がテーブルクロスみたいに置いてあります。まずは、Aグループ、Bグループ、Cグループの4人ずつが着席してわいわいとそれぞれのグループのテーマについてディスカッションします。そのとき、メンバーは何でもいいから頭に浮かんだことを模造紙に書いていきます。10分たちました。席替えです。ちょっと短いけれど、それぞれのグループではそれ以前にディスカッションをおこなっているのですから、それで十分でしょう。

リーダーだけは同じテーブルに留まりますが、他の3人は違うテーブルに移ります。そして同じようにディスカッションします。そのとき、まず、リーダーがそれまでのディスカッションの流れを簡単に説明します。そして、フリーディスカッション。そこがわからない、とか、私はこう思う、とか、勝手なことを述べあいます。それが30分。もちろん、模造紙に書いてあることを見ながらです。そして、ディスカッションをしながら模造紙にさらにいろいろと書いていきます。

表16　授業スケジュール ～実際の内容～

スタートアップ

1	自己紹介	
2	テーマの提案（自習）	大テーマを10個、それぞれに3項目ずつ
3	調べ方、考え方の指導 ＋テーマの割り当て	

第1ラウンド

4	概要のプレゼン	ひとり4～5分ずつ、パワーポイントで
5	論文の提出⇒精読	2000～4000字の論文を作成
6	論文への質問、感想、提案	おたがいの論文に対するコメント ⇒改訂
7	プレゼン+ディスカッション	ひとり10分くらい、パワーポイントで
8	プレゼン+ディスカッション	ひとり10分くらい、パワーポイントで

＋最終論文の提出

第2ラウンド

9	グループディスカッション	3～4グループに分けます。Zoomで
10	グループディスカッション	3～4グループに分けます。Zoomで
11	概要のプレゼン （2グループ）	グループあたり30分程度
12	概要のプレゼン （1グループ） ＋グループディスカッション	1万字程度の論文
13	論文提出と精読、質問、感想、提案	おたがいの論文に対するコメント ⇒改訂
14	プレゼン+ディスカッション	グループあたり20～25分、パワーポイントで

ファイナルラウンド

15	総合討論 （できたら会食で）	いまだおこなえず

そしてまた、リーダーだけが固定で、同じように他のメンバーが入れ替わって、30分。最終的には、3つのグループの最初のメンバーが戻ってきて、ディスカッションの整理をする、という段取りです。

リーダーだけは固定ですが、それ以外の人たちは、自分が担当していないテーマについて考えることができます。それと同時に、違うグループの人の意見を取り入れることができるというわけです。自分で思いついたわけではありませんが、すごくおもしろいやり方だと思われませんか。

最後に、今回のゼミの負担について書いておきます。学生の負担でなくて、教える側の負担です。ふつうの授業と比べてほぼ同じか、楽なくらいでした。通常の講義形式の授業では準備が大変ですが、このゼミでは、プレゼンや論文のやり方を伝える以外は不要なので、たいしたことありません。ただ、論文を読んでコメントしたりする手間はありますが、人数が多くないので、それもたいしたことはありません。

これでおしまいです。なにしろ楽しかった。ひとことで言うとそんなゼミでした。学生たちは、たぶん、楽しくて役に立ったけれど、きつかった、と言うでしょうけれど。

表17　授業スケジュール ～理想案～

スタートアップ

1	自己紹介	
2	テーマの提案 調べ方、考え方の指導 ＋テーマの割り当て	テーマの提案では、大きなテーマを10個、それぞれに3つずつ小項目を考えること。

第1ラウンド：個人テーマ

3	概要のプレゼン	ひとり4～5分ずつ、パワーポイントで
4	論文の精読と質問、感想、提案	おたがいの論文に対するコメント ⇒改訂
5	プレゼン＋ディスカッション	ひとり10分くらい、パワーポイントで
6	プレゼン＋ディスカッション	ひとり10分くらい、パワーポイントで

＋最終論文の提出

第2ラウンド：グループテーマ

7	グループディスカッション	3グループに分かれて
8	グループディスカッション	3グループに分かれて
9	概要のプレゼン　1回目	グループあたり20分程度　時間厳守
10	ブレインストーミング	本文参照
11	第一回論文への質問、 感想、提案	1万字程度の論文
12	グループディスカッション	おたがいの論文に対するコメント ⇒改訂
13	第二回論文への質問、 感想、提案	1万字程度の論文
14	グループディスカッション	
15	プレゼン＋ディスカッション	グループあたり20～25分、パワーポイントで

＋最終論文の提出

おわりに――みんなからの言葉、みんなへの言葉

ここまで読んでいただいた方、ありがとうございました。「学問への扉」仲野ゼミ、いかがでしたでしょう？　リアルに体験してみたように感じていただけたらうれしいところです。いいなぁ、参加してみたいなぁ、同じようにやってみたいなぁ、と思ってもらえてたら、もっとうれしいところです。

「おわりに」では、本を書いたきっかけとか、どう考えて書いたかなどを書くことが多いのですが、そういったことは本文に書いてしまったので、あまり書くことがありません。

何より強調したいのは、この本は、14名の学生がいてくれたからこそ書けたということです。それから、編集の呉清美さんが毎回Zoomで参加して励ましてくださったのも大きかったです。リアル授業に毎回来てもらうのは無理だったでしょうから、これも新型コロナのおかげと言えそうです。

そうそう、この本を書くのにとても役に立ったのはZoomの録音・録画機能でした。で

も、考えてみると、大学のWi-Fi環境も整備されたし、遠隔参加や記録は、リアル授業とZoomを併用したら十分に可能ですね。

第七章で学生たちのさまざまなコメントを紹介しましたが、みんなの感想文から、いちばん気に入った文章をひとつずつピックアップしてみます。ついでと言ってはなんですが、Zoomでの授業風景の写真も。

- そもそも自分はひとつのものごとをじっくり考えたことがないことに気がつきました。これが私にとっていちばん大きな発見です。（内藤）
- 多様な価値観があるからこそ、さまざまな角度から考えることができました。（山崎彩可）
- 課題ばかりで退屈に感じる授業が多い中で、先生や他の人と話しあいながら受けることができて楽しかったです。（山崎空）
- 全体を通してみると、この授業を履修できて本当によかったと思います。（藤原）
- このゼミを通して、これから先の大学生活で必要とされる、まとめた情報を考察し、効果的に提示する能力を培うことができた。（上長）

●答えのない議論をすることは非常に頭を使い大変でしたが、考える力を養えるいい機会でした。(白谷)
●教授や他の学生の意見やアドバイスを受けて、何度か同じものを作り直すたびに、自分の成長を感じることができ、うれしかったです。(井上)
●この授業は思っていたよりきつかったけど、それ以上のやりがいを感じることができました。(高野)
●このような経験は今後めったにないと思うので、本当に貴重な経験をさせていただいたなと感じています。(濱野)
●この授業は、自分が成長するために非常によい機会となったと思います。(佐伯)
●少し、授業の準備などが多かったものの、それに見合った学びを得ることができたので、学問への扉として、この授業をとってよかったと思う。(林)
●難しかった、きつかった、ばかり書いているが、その大変さの分だけ成長できたと自信を持って言うことができる。(山口)
●この授業を通して、まさに「学問への扉」を開けた気がします。(篠原)

このコメントを読んでいるだけで、ウルウルしてしまうくらいです。最後の篠原さんのコメントなどは、これだけでやった甲斐があったと思えてくるほどです。

みんな本当にありがとう。最後に私からも気の利いた言葉を、と思います。ちょっとかっこよく決めたいので、まずシチュエーションを選ばせてください。夕日に向かって、と思ったのですが、若者たちへのメッセージですから、朝日のほうがいいですね。夕日だと「バカヤロー！」とか叫びたくなってしまいそうです。

いままで見た朝日、ベスト3は、富士山からのご来光、キリマンジャロ登山中に標高5000メートルあたりから眺めた雲から顔を出す太陽、そして、この原稿を書いている最中に訪れた室戸岬からの日の出です。山からだと、どうしても見下ろす感じになってよろしくないので、室戸岬にします。

岩だらけの海岸に打ちつける波、水平線にあがる太陽。それを見る私を右斜め後ろから見ていると頭に描いてください。さて、準備はいいですか？　では、つぶやきます。

若者に、そして、
教育に未来を見た

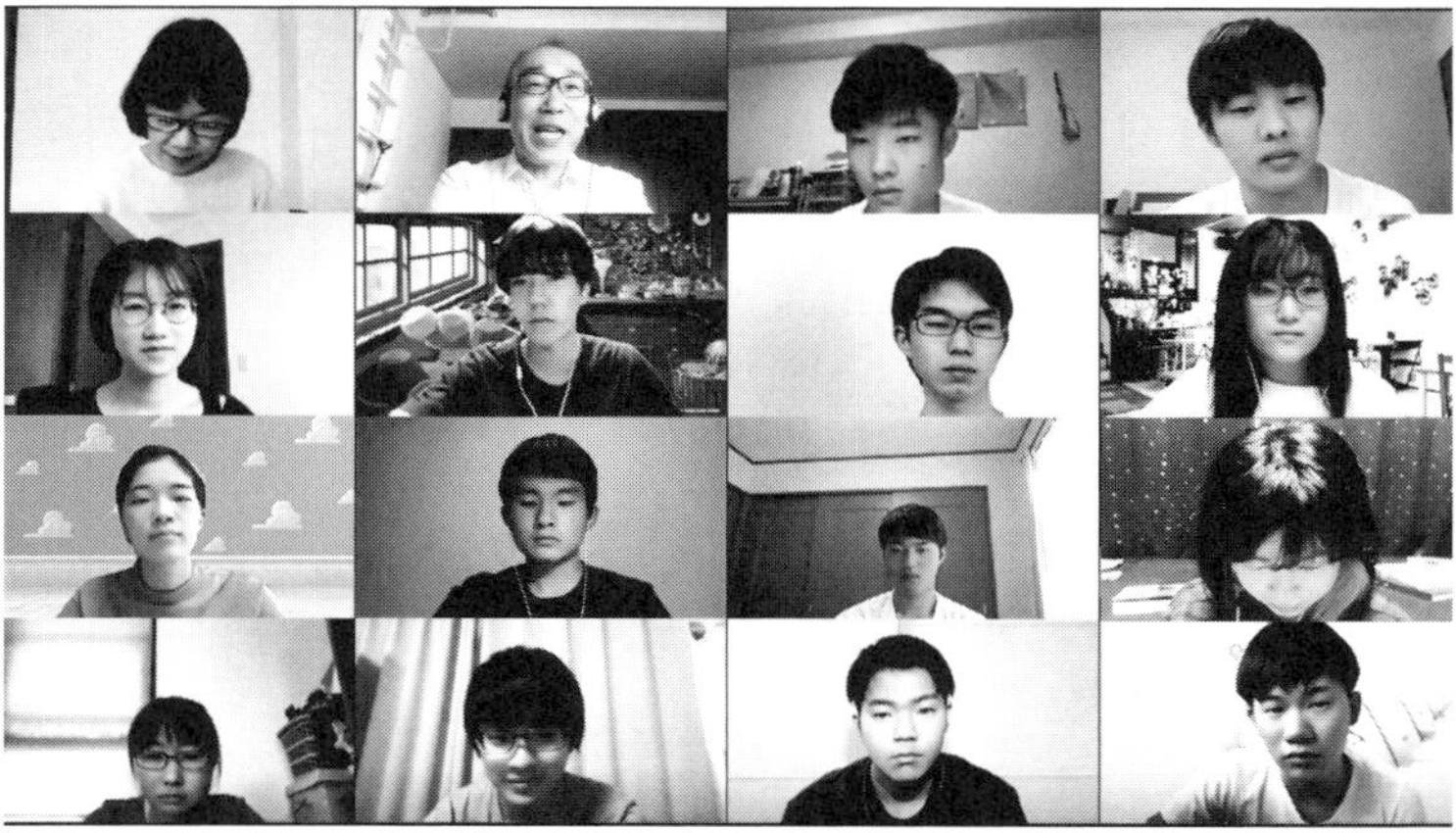

仲野 徹

1957年、「主婦の店・ダイエー薬局」が開店した年、同じ街（大阪市旭区千林）に生まれる。大阪大学医学部医学科卒業後、内科医から研究の道へ。ドイツへ留学し、ヨーロッパ分子生物学研究所（EMBL）研究員、京都大学医学部講師、大阪大学微生物病研究所教授を経て、2004年から大阪大学大学院医学系研究科教授。専門は病理学、「いろんな細胞はどうやってできてくるのだろうか」学。2012年には日本医師会医学賞を受賞。本書ではプレゼンや論文、思考法まで、初めて仲野流メソッドが明かされる。著書に、『エピジェネティクス』（岩波新書）、『こわいもの知らずの病理学講義』（晶文社）、『生命科学者たちのむこうみずな日常と華麗なる研究』（河出文庫）など。趣味は、ノンフィクション読書、僻地旅行、義太夫語り。

講談社+α《プラスアルファ》新書 840-1 C

考《かんが》える、書《か》く、伝《つた》える 生《い》きぬくための科学的思考法《かがくてきしこうほう》

仲野《なかの》 徹《とおる》

2021年3月17日第1刷発行

発行者――鈴木章一

発行所――株式会社 講談社

東京都文京区音羽2-12-21 〒112-8001

電話 編集（03）5395-3522

販売（03）5395-4415

業務（03）5395-3615

カバーイラスト――中村勝紀（TOKYO LAND）

デザイン――鈴木成一デザイン室

カバー印刷――共同印刷株式会社

印刷――株式会社新藤慶昌堂

製本――牧製本印刷株式会社

本文図版――朝日メディアインターナショナル株式会社

定価はカバーに表示してあります。

落丁本・乱丁本は購入書店名を明記のうえ、小社業務あてにお送りください。

送料は小社負担にてお取り替えします。

なお、この本の内容についてのお問い合わせは第一事業局企画部「+α新書」あてにお願いいたします。

Printed in Japan

ISBN978-4-06-523119-7